PRACTICE
MAKES
PERFECT®

French
Vocabulary
Games

PRACTICE
MAKES
PERFECT®

French Vocabulary Games

Eliane Kurbegov

Mc
Graw
Hill
Education

New York   Chicago   San Francisco   Athens   London   Madrid
Mexico City   Milan   New Delhi   Singapore   Sydney   Toronto

1 2 3 4 5 6 7 8 9 10 11 12 QVS/QVS 1 0 9 8 7 6 5 4

ISBN   978-0-07-182747-8
MHID   0-07-182747-1

Library of Congress Control Number 2013947032

Also by Eliane Kurbegov

Practice Makes Perfect Basic French
Practice Makes Perfect French Conversation
Practice Makes Perfect French Sentence Builder
Practice Makes Perfect Intermediate French Grammar
Practice Makes Perfect French Vocabulary
French Grammar Drills
French Conversation Demystified

Contents

Introduction

This vocabulary workbook contains a collection of crossword puzzles (**mots croisés**), word searches (**mots cachés**), and other games organized into thematic units. The vocabulary lists—covering approximately 1,000 words—in each of these thematic units range in difficulty from advanced beginner to intermediate. With this workbook, students of French can learn or review vocabulary items in a fun and motivating way. Whether they are introducing new vocabulary or reinforcing vocabulary taught in class, teachers can supplement their lessons by using their favorite games from the ones provided in this book. **Instruire tout en amusant!**

Each chapter begins with vocabulary lists. These can be used to teach or simply as a reference for the puzzles that prove to be challenging. When games serve to review vocabulary, it is best for the learner to resist the temptation to skim first through the lists; it will be much more fun to test one's skills first and resort to the lists only to fill any gaps that may become apparent. In addition, some of the vocabulary are often used in more than one game, which will reinforce these words.

Here are some hints for solving the puzzles:

1. Identify and distinguish adjectives, verbs, nouns, and adverbs. When dealing with nouns and adjectives, respect their gender and number. For example, if the clue is singular *female baker*, write **boulangère** not **boulanger**.

2. In compound phrases such as **agent de police** (*policeman*), spaces will be omitted.

3. Use a pencil: Just because a word fits a particular blank doesn't mean it is the answer. You have to find a word that will solve the puzzle as a whole.

4. If you are having trouble, go back and review the vocabulary lists. As in all languages, there is usually more than one way to describe a thing, a person, or an activity. As a last resort, the answers to the games are provided in the back of the book.

5. Most of all, have fun! These games are meant to be an entertaining source of vocabulary review.

Les communications et les médias

Communications and media

Vocabulaire utile

Communications

abonné(e) (m/f)	*subscriber*
abonnement (m)	*subscription*
abrégé	*abbreviated*
baladodiffusion (f)	*podcast*
caractère gras (m)	*bold font*
cartouche (f)	*ink cartridge*
coup de téléphone (m)	*phone call*
courriel (m)/e-mail (m)	*e-mail*
courrier (m)	*postal mail*
curseur (m)	*cursor*
diffuser	*to broadcast/ transmit*
données (fpl)	*data*
écouteurs (mpl)/ casque (m)	*headset*
éloignement (m)	*distancing*
gérer	*to manage/run*
icône (f)	*icon*
imprimante (f)	*printer*
lien (m)	*link*
navigateur (m)	*Web browser*
numérique	*digital*
numéro (de téléphone) (m)	*(phone) number*
onde (f)	*wave*
ordinateur (m)	*computer*
page d'accueil (f)	*home page*
pièce jointe (f)	*attachment*
portable (m)	*laptop/cell phone*
pourriel (m)	*spam*
prise chargeur (f)	*recharger*
réseau (social) (m)	*(social) network*
souris (f)	*mouse*
surfer	*to surf*
télécharger	*down/upload*
télécopieuse (f)	*fax machine*
texto (m)	*text message*
usager (m)	*user*
visioconférence (f)	*videoconference*

Littérature et médias

actualités (fpl)	*current news*
animateur/ animatrice (m/f)	*presenter*
annonce (f)	*announcement*
apogée (f)	*climax*
applaudissement (m)	*applause*
bande dessinée (f)	*comic strip*
chef d'œuvre (m)	*masterpiece*
conte (m)	*tale*
déroulement (m)	*unwinding*
écran (m)	*screen*
émission (f)	*broadcast*
enquête (f)	*investigation*
guerre (f)	*war*
intrigue (f)	*plot*
jeu de mots (m)	*pun*
journal (m)	*newspaper*
mensuel	*monthly*
œuvre (f)	*work (literary)*
personnage (m)	*character*
public (m)	*audience*
recueil (m)	*collection*
revue (f)	*magazine*
schéma (m)	*outline*
sondage (m)	*poll*

Publicité

dépliant (m)	*pamphlet*
panneau d'affichage (m)	*billboard*
tract (m)	*flyer*

EXERCICE
1·1

Mots croisés: Les ressources électroniques Servez-vous de la traduction de chaque mot anglais pour remplir la grille. *Use the translation of each English word to solve this puzzle.*

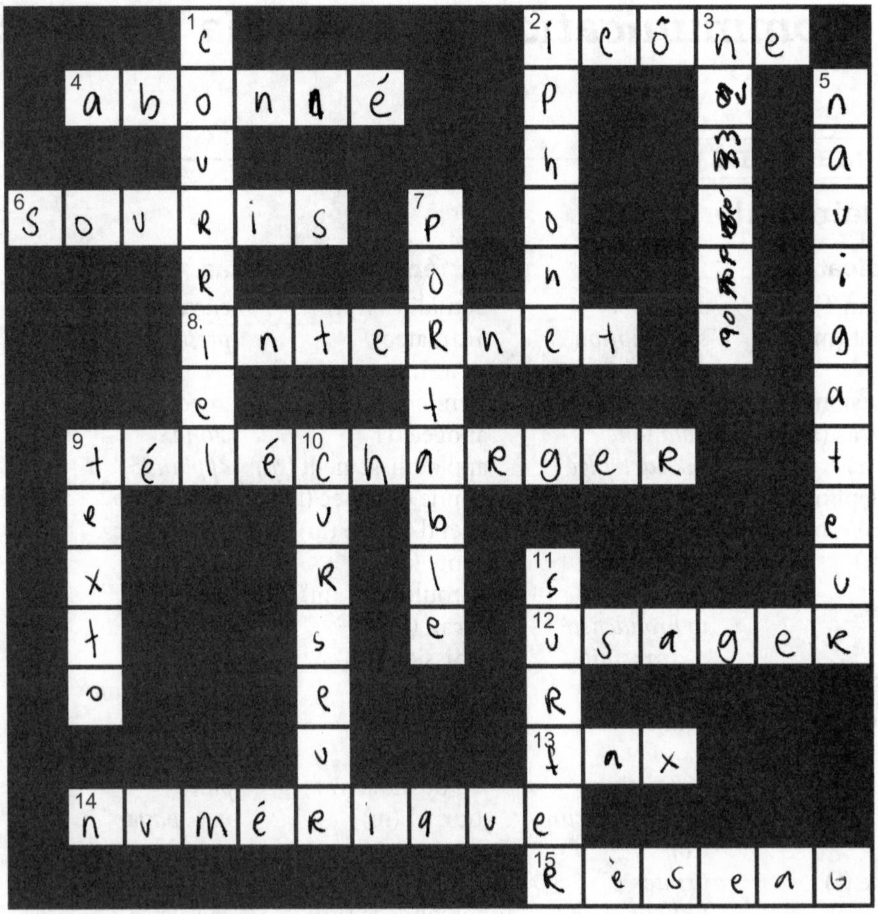

Horizontalement (*Across*)

2. *icon*
4. *subscriber* (m)
6. *mouse*
8. *Internet*
9. *down/upload*
12. *user* (m)
13. *fax*
14. *digital*
15. *network*

Verticalement (*Down*)

1. *e-mail*
2. *iPhone*
3. *number*
5. *Web browser*
7. *laptop/cell phone*
9. *text message*
10. *cursor*
11. *to surf*

Devinette: La communication électronique Devinez quel mot ou quelle locution correspond à chaque définition. *Guess which word or phrase corresponds to each definition.*

1. _____ le droit d'entrer dans un site Internet

2. _____ ce qui vous amène à un autre site Internet

3. _____ une jonction

4. _____ l'action d'accéder illégalement à des données informatiques

5. _____ un programme parasite à effet nocif au fonctionnement de l'ordinateur

6. _____ une communication électronique non-sollicitée

7. _____ une communication visuelle et sonore

8. _____ site Internet qui permet de partager et d'échanger des informations et des photos avec amis et connaissances

9. _____ message écrit dans une forme abrégée et envoyé par portable

10. _____ la première page d'un site Internet

a. la visioconférence

b. le virus

c. le lien

d. le texto

e. la page d'accueil

f. le branchement

g. l'accès

h. le pourriel

i. le piratage

j. le réseau social

Choix multiples: Savoir utiliser l'Internet Choisissez la meilleure réponse. *Choose the best response.*

1. Vous êtes sur le site de Radio France Internationale. Ce site...
   a. permet de gérer vos photos.
   b. diffuse des informations.
   c. offre des services financiers.
   d. publie seulement des articles imprimés.

2. Vous êtes l'auteur(e) d'un blogue. Généralement...
   a. vous chattez avec des amis.
   b. vous copiez des codes.
   c. vous envoyez des texto.
   d. vous postez des annonces.

3. Vous utilisez un dictionnaire en ligne. Pour trouver la définition d'un mot,...
   a. vous tapez le mot dans le moteur de recherche.
   b. vous cliquez sur le mot *synonyme*.
   c. vous payez les frais d'abonnement.
   d. vous écrivez le mot en caractère gras.

4. Vous voulez gérer vos comptes bancaires en ligne. Laquelle des choses suivantes n'est pas nécessaire?
   a. une messagerie sécurisée
   b. un mot de passe
   c. un numéro de sécurité sociale
   d. une adresse e-mail

5. Vous êtes membre d'un réseau social et vous avez une communauté d'amis sur ce réseau. Laquelle des choses suivantes ne devez-vous jamais faire?
   a. afficher des données personnelles
   b. échanger des informations
   c. mettre des photos en ligne
   d. pirater le site

Le jeu des préfixes: Entrer, rester et se remettre en contact Ajouter un des préfixes suivants au verbe entre parenthèses pour compléter la phrase d'une manière logique. *Add one of the following prefixes to the verb in parentheses to complete the sentence in a logical manner.*

re-/r-   com-   télé-   dé-   sous-

Voilà un courriel d'Andréa, une ancienne amie, avec une photo jointe.

Je _____ (charge) sa photo et je _____ (connais)

Andréa car elle n'a pas beaucoup changé. Dans son message, je _____

(couvre) qu'Andréa est mariée. Quelle surprise! Andréa voudrait se _____

(connecter) avec moi. Pourquoi pas? Elle _____ (entend) qu'elle voudrait

se _____ (brancher) avec les anciennes camarades de lycée.

Je _____ (prends) sa requête et je réponds immédiatement.

Je _____ (enseigne) Andréa sur les circonstances de quelques amies et je

lui dis au revoir.

Mots cachés: Les informations et les actualités Trouvez les traductions françaises des mots suivants qui sont cachés dans la grille, horizontalement, verticalement ou en diagonal. *Find the French translations of the following words that are hidden in the puzzle horizontally, vertically, or diagonally.*

— Reportage

```
I K F Y J C E M I U J G L R A F R D R N C
O H B T O R X V Q P W I Q I A N N O N C E
P Y F R U Q A U I U N R Z O R W M Z U N F
G J Y S R N L Z U B C O S G F L E H É V J
T C N Z N A I K J L L C M S D J N H D M A
K E V S A V G I E I W A W É M I S S I O N
C B J U L A W S N C Z T B B P V U K T A I
W A F I O G A R T I C L E D C H E J I B M
Y L G H R E P O R T A G E E I E L Q O O A
F A P L T I T R É É H F N C U F C V N N T
A D D R F F X P X E R Q N Q C G F K S N R
T O D P E Y C E Y Z F L I E E N Q U J E I
P D V V S S G F I K D R T H T N D J S M C
L I R M Q A S C H Y B M B Z T B Q X E E E
C F E G D S G E Q U O T I D I E N U A N R
O F E N Q U S L R I D I R I R C D H Ê T K
L U O Q I B H A E Q M S S I Z S M R T R
O S I N T E R V I E W C E D R C G V I I E
N I H V Q U S O W C L Z D F M J E O P N V
N O W M C O F T Q C O B Z K C P U M N G U
E N Z X Y C H C Z D H V A X X A U T J C E
```

✓broadcast émission ✓magazine Revue edition

✓ podcast baladodiffusion report daily

✓ interview animatrice title monthly

↳female presenter ✓column colonne ✓investigation enquête

✓ to broadcast diffuser section ✓poll sondage

advertisement ✓article article censorship

press ✓ad/announcement annonce

✓newspaper journal ✓subscription abonnement

Le mot mystère: Les journaux et les magazines Traduisez chaque mot de l'anglais en français pour découvrir le mot mystère. *Translate each word from English to French and discover the mystery word.*

1. *editorial letter* l' __ __ i __ __ r__ ■ __

        2. *abbreviated* __ ■ r __ __ __ __

      3. *news report* le __ __ __ ■ r __ a __ __ __

        4. *comic strip* la __ a ■ __ __ __ e __ __ __ __ __ e

    5. *ad* la __ __ __ __ __ e __ ■ __ __ n __ __

      6. *to manage/run* __ ■ r__ __

Le mot mystère: _____

Jeu des intrus: Les livres Identifiez le mot ou la locution qui ne correspond pas à la catégorie présentée au début de chaque ligne. *Identify the word or phrase that does not correspond to the category presented at the beginning of each line.*

1. **la tragédie**: regretter, soupirer, rire, être anxieux

2. **le genre**: le roman, la nouvelle, le conte, le livre numérique

3. **le type de roman**: historique, psychologique, la pièce de théâtre, la satire

4. **les personnages**: le protagoniste, le déroulement, le héros, l'héroïne

5. **les recueils**: les poèmes, les bandes dessinées, les contes, le mémoire

6. **la biographie**: l'argumentation, la vie, l'œuvre, l'occupation

7. **les éléments de la comédie**: ridiculiser, se moquer, les jeux de mots, le réalisme

8. **le schéma de la nouvelle**: le début, l'intrigue, l'apogée, le chef d'œuvre

1·8

Jeu des sons et des images: La radio et la télévision Dessinez le symbole suivant 🔊 sous les mots et les locutions qui correspondent à la radio et le symbole suivant 👁 pour les mots et les locutions qui correspondent à la télévision. Dessinez les deux symboles sous les mots et les locutions qui correspondent à la radio et à la télévision. *Draw the 🔊 symbol under the words and expressions that correspond to the radio and the 👁 symbol for the words and expressions that correspond to the television. Draw both symbols under the words and expressions that correspond to the radio and television.*

1. la publicité

_____

2. l'émission

_____

3. le dessin animé

_____

4. les actualités

_____

5. le film de science-fiction

_____

6. le journal télévisé

_____

7. le chanteur

_____

8. la série télévisée

_____

9. les petites ondes

_____

1·9

Jeu des lettres: Le cinéma Ajouter des lettres pour épeler le mot français qui représente chaque mot anglais. *Add letters to spell the French word that represents each English word.*

1. __ __ t __ __ __ e (*actress*)

2. a _p_ _o_ _g_ é _e_ (*climax*)

3. _p_ _v_ b _l_ _i_ c (*audience*)

4. __ e __ e __ __ e (*movie star*)

5. c __ __ é __ __ i __ __ (*movie fan*)

6. __ l __ __ e (*seat*)

7. __ __ __ e (*role*)

8. p __ __ __ o __ __ __ g __ (*character*)

9. __ c __ __ __ n (*plot*)

10. a __ __ __ r (*love*)

11. __ __ e __ __ __ r __ (*adventure*)

12. (two words) c __ __ __ d __ __ m __ __ __ c __ __ __ (*musical*)

13. __ c r __ __ (*screen*)

14. __ __ c __ __ s (*success*)

15. a __ __ __ a __ d __ __ __ __ m __ __ t (*applause*)

Les communications et les médias 7

Jeu des antonymes: Les relations internationales Identifiez le mot qui signifie le contraire de chaque mot présenté et écrivez la lettre correspondante sur la ligne appropriée. *Identify the word that means the opposite of each word presented, and write the corresponding letter on the appropriate line.*

1. _____ l'accord

2. _____ l'alliance

3. _____ le diplomate

4. _____ la détente

5. _____ le rapprochement

6. _____ le traité de paix

7. _____ le compromis

8. _____ la paix

9. _____ la défense

10. _____ l'ennemi

a. l'allié

b. la guerre

c. le conflit

d. l'éloignement

e. l'attaque

f. l'aggravation

g. l'homme militaire

h. l'opposition

i. la déclaration de guerre

j. l'intransigeance

Fait divers: L'avenir de la presse Remplissez chaque trou avec le mot approprié pour comprendre ce fait divers. *Fill in each blank with the appropriate word to understand this general news item.*

La popularité des options _____ (*digital*) des grands _____ (*newspapers*) ne suffit en général pas à compenser le déclin de leur _____ (*distribution*) traditionnelle. Le *Washington Post* étudie de près le succès du *New York Times*, avec son système de paiement pour accéder à plus de dix _____ (*articles*) par mois.

C'est une opération de promotion extraordinaire dans la _____ (*press*) américaine: Starbucks offre le *New York Times* à ses clients. Le partenariat mis en place par les deux groupes aux États-Unis propose aux clients de la plus grande chaîne de cafés de se _____ (*to connect*) à Internet via le _____ (*network*) Wi-Fi des Starbucks pour consulter trois articles dans cinq _____ (*sections*) différentes du _____ (*daily*) en ligne. Cette opération a lieu deux ans après la naissance d'un mur payant ("*paywall*") sur le site du *New York Times*. Fin décembre, il avait déjà 668.000 _____ (*subscribers*) payants sur Internet.

Les caractéristiques humaines et culturelles

Human and cultural characteristics

VOCABULAIRE

Vocabulaire utile

Les relations de famille

aîné(e)	*older (sibling)*
ancêtre (m)	*ancestor*
arrière-grand-mère (f)	*great-grandmother*
arrière-grand-père (m)	*great-grandfather*
beau-frère (m)	*brother-in-law/stepbrother*
beau-père (m)	*father-in-law/stepfather*
bébé (m)	*baby*
belle-mère (f)	*mother-in-law/stepmother*
belle-sœur (f)	*sister-in-law/stepsister*
cadet/cadette (m/f)	*youngest (sibling)*
cousin/cousine (m/f)	*cousin*
demi-frère (m)	*half brother*
demi-sœur (f)	*half sister*
famille (f)	*family*
femme (f)	*wife*
frère (m)	*brother*
grand-mère (f)	*grandmother*
grand-père (m)	*grandfather*
mari (m)	*husband*
mère (f)	*mother*
neveu (m)	*nephew*
nièce (f)	*niece*
nom (m)	*name*
oncle (m)	*uncle*
père (m)	*father*
prénom (m)	*first name*
sœur (f)	*sister*
tante (f)	*aunt*

Les traits physiques

blond(e)	*blond*
bouche (f)	*mouth*
bouclé(e)	*curly*
chauve	*bald*
cheveux (mpl)	*hair*
court(e)	*short*
dents (fpl)	*teeth*
figure (f)	*face*
grand(e)	*tall/big*
gros(se)	*fat/big*
lèvres (fpl)	*lips*
ligne (f)	*figure*
mat	*olive (complexion)*
mince	*thin*
nez (m)	*nose*
peau (f)	*skin*
petit(e)	*small*
roux (-sse)	*red-haired*
visage (m)	*face*

Les traits de personnalité

affectueux (-se)	*affectionate*
agaçant(e)	*annoying*
aimable	*pleasant*
antipathique	*unpleasant*

Les célébrations et les fêtes

anniversaire (m)	*birthday*
bague (f)	*ringv*
baptême (m)	*baptism*
boubou (m)	*traditional African garment*

Les traits de personnalité (cont.)

brusque	*blunt*
content(e)	*happy/glad*
courageux (-se)	*courageous*
créatif (-ve)	*creative*
discret (-ète)	*discreet*
doux/douce	*gentle/kind*
énergique	*energetic*
enjoué(e)	*playful*
ennuyeux (-se)	*boring/annoying*
extraverti(e)	*outgoing*
fidèle	*faithful*
froid(e)	*standoffish*
gentil(le)	*nice/sweet*
habile	*skilled*
heureux (-se)	*happy*
honnête	*honest*
infidèle	*unfaithful*
ingénieux (-se)	*ingenious*
intraverti(e)	*withdrawn*
lâche	*coward*
maladroit(e)	*gauche*
malhonnête	*dishonest*
malin/maligne	*cunning*
malpoli(e)	*rude*
mignon(ne)	*cute*
paresseux (-se)	*lazy*
persévérant(e)	*persevering*
poli(e)	*polite*
réservé(e)	*reserved*
sage	*wise*
sympathique	*friendly*
travailleur (-se)	*hardworking*

Les célébrations et les fêtes (cont.)

bûche (f)	*log/Yule log*
célébrer	*to celebrate*
chandelle (f)	*candle*
défilé (m)	*parade*
étrennes (fpl)	*New Year's gifts*
farce (f)	*joke*
fête (f)	*holiday/party*
Fête (f) des Mères	*Mother's Day*
Fête (f) des Pères	*Father's Day*
fêter	*to celebrate*
feu (m) d'artifice	*firework*
fiançailles (fpl)	*engagement*
galette (f) des rois	*kings' cake*
gâteau (m)	*cake*
joie (f)	*joy*
mariage (m)	*marriage*
naissance (f)	*birth*
noces (fpl)	*wedding*
Nouvel An	*New Year's*
potiron (m)	*pumpkin*
récolte	*harvest*
rendre visite	*to pay a visit*
réveillon (m)	*Christmas/New Year's Eve dinner*
Saint Valentin	*Valentine's Day*
se fiancer	*to get engaged*
se marier	*to get married*
syrop (m) d'érable	*maple syrup*
veille (f)	*eve*
vin (m)	*wine*

Les nationalités

allemand(e)	*German*
américain(e)	*American*
anglais(e)	*English*
belge	*Belgian*
canadien(ne)	*Canadian*
chinois(e)	*Chinese*
colombien(ne)	*Colombian*
cubain(e)	*Cuban*
espagnol(e)	*Spanish*
français(e)	*French*
haïtien(ne)	*Haitian*
israélien(ne)	*Israeli*
italien(ne)	*Italien*
ivoirien(ne)	*from the Ivory Coast*
japonais(e)	*Japanese*
luxembourgeois(e)	*of Luxembourg*
marocain(e)	*Moroccan*
mexicain(e)	*Mexican*

Les pays et les continents

Afrique (f)	*Africa*
Allemagne (f)	*Germany*
Amérique (f)	*America*
Angleterre (f)	*England*
Asie (f)	*Asia*
Australie (f)	*Australia*
Belgique (f)	*Belgium*
Canada (m)	*Canada*
Chine (f)	*China*
Colombie (f)	*Colombia*
Espagne (f)	*Spain*
États-Unis (mpl)	*United States*
Europe (f)	*Europe*
France (f)	*France*
Grande-Bretagne (f)	*Great Britain*
Haïti	*Haiti*
Israël	*Israel*
Italie (f)	*Italy*

Les nationalités (cont.)

russe	*Russian*
sénégalais(e)	*Senegalese*
suisse	*Swiss*
vietnamien (ne)	*Vietnamese*

Les langues

allemand (m)	*German*
anglais (m)	*English*
arabe (m)	*Arabic*
chinois (m)	*Chinese*
créole (m)	*Creole*
espagnol (m)	*Spanish*
flamand (m)	*Flemish*
français (m)	*French*
hébreu (m)	*Hebrew*
italien (m)	*Italian*
japonais (m)	*Japanese*
russe (m)	*Russian*
wolof	*Wolof (Senegal)*

Les pays et les continents (cont.)

Japon (m)	*Japan*
Luxembourg (m)	*Luxembourg*
Mexique (m)	*Mexico (country)*
Russie (f)	*Russia*
Suisse (f)	*Switzerland*

Les produits culturels

chevalet (m)	*easel*
colorier	*to color*
cuisson (f)	*cooking*
dessin (m)	*drawing/picture*
dessiner	*to draw*
imprimer	*to print*
imprimerie (f)	*printing*
modelage (m)	*act of sculpturing*
modeler	*to give shape*
moulage (m)	*to mold/cast*
mouler	*paintbrush*
pinceau (m)	*act of molding*
porcelaine (f)	*china*
reliure (f)	*binding*
tailler	*to cut/carve*
terre cuite (f)	*terra-cotta*

Mots croisés: La descendance Servez-vous des traductions des mots anglais pour remplir la grille. *Use the translations of the English words to solve this puzzle.*

Horizontalement (*Across*)

1. *baby* bébé

2. *niece* nièce

8. *ancestor* ancêtre

10. *generation*

13. *nephew* neveu

14. *firstborn* (male)

15. *oldest* (brother) ainé-frère

16. *parents*

17. *grandmother* grand-mère

19. *wife* femme

Verticalement (*Down*)

1. *sister-in-law* belle-sœur

3. *aunt* tante

4. *uncle* oncle

5. *cousin* (m) cousin

6. *youngest sister* cadette sœur

7. *half brother* beau-frère

9. *adoption*

10. *genealogy*

11. *father* père

12. *family* famille

18. *husband* mari

Devinette: Les traits physiques Complétez chaque description et vous découvrirez quelqu'un de bien connu. *Complete each description and you will discover someone well known.*

1. Il est très _____ (*handsome*). Il a le teint _____

   (*olive*), des _____ (*hair*) très noirs et de belles _____

   (*lips*). Il a aussi un petit _____ (*nose*) en trompette. Ses albums «Thriller»

   et «Bad» sont connus de tous. C'est _____!

2. Elle est _____ (*cute*), _____ (*blond*) et elle a

   les _____ (*eyes*) bleus. Elle a aussi de très _____

   (*small*) pieds. Sa _____ (*skin*) est très claire. Elle a une très vilaine

   belle-mère. Elle rencontre un prince charmant à un bal. C'est _____.

3. Il est _____ (*small*). Il a un nez _____ (*round*) et

   une grande _____ (*mouth*) avec des lèvres très _____

   (*thin*). Il est aussi _____ (*bald*). C'est un personnage de bande dessinée

   créé par Charles Schulz. C'est _____.

Charade: Les traits de personnalité Écrivez un adjectif masculin ou féminin sur la ligne pour définir le trait de personnalité de chaque personne telle qu'elle est décrite. *Write a masculine or feminine adjective on the line provided to define the personality trait of each person as described.*

1. Elle montre beaucoup d'affection: _____

2. Elle laisse toujours tout tomber: _____

3. Il n'a pas de scrupules ni de tact: _____

4. Il n'extériorise pas ses sentiments: _____

5. Elle dit et fait toujours ce qui est juste et vrai: _____

6. Il est toujours content: _____

7. Elle a beaucoup d'amis: _____

8. Elle a peur de tout: _____

9. Il tient la porte ouverte pour les autres: _____

10. Il joue tout le temps et il fait des farces: _____

11. Elle n'a pas d'émotions: _____

12. Il a beaucoup de patience et finit ses projets: _____

13. C'est un bébé qu'on veut regarder et toucher: _____

14. Il invente toutes sortes de choses: _____

15. Elle crée des dessins très originaux: _____

Mots cachés: Les célébrations Trouvez les traductions françaises des mots suivants qui sont cachés dans la grille, horizontalement, verticalement ou en diagonal. *Find the French translations of the following words that are hidden in the puzzle horizontally, vertically, or diagonally.*

```
S  E  M  D  K  W  E  K  O  S  J  Q  A  C  A
L  O  K  É  D  L  I  O  R  D  M  K  L  A  U
Z  O  D  F  L  C  B  L  A  K  Y  X  E  D  W
H  J  X  I  J  A  H  Y  N  U  D  R  C  E  V
D  H  E  L  M  I  E  A  N  W  I  P  I  A  Y
Y  V  N  É  C  F  R  R  M  A  J  U  U  U  F
H  C  I  R  N  H  É  S  S  P  J  T  R  X  U
U  L  Y  N  A  H  V  R  H  X  A  Z  J  A  T
I  Z  F  G  T  T  E  W  H  Y  A  G  E  W  N
I  X  F  N  W  V  I  X  V  J  Z  T  N  Y  O
O  K  D  U  I  S  L  M  W  E  Â  I  O  E  C
P  I  D  N  G  Q  L  E  Y  G  H  K  R  F  E
N  N  N  Y  P  C  O  T  N  O  E  F  M  Ê  S
N  A  I  S  S  A  N  C  E  F  N  Z  K  T  I
F  I  A  N  Ç  A  I  L  L  E  S  X  L  E  Z
```

birth *naissance*

birthday

engagement

wedding

eve *veille*

New Year's Eve

dinner

gifts

holiday

parade

cake

wine

champagne

EXERCICE
2·5

Reconstituez les mots: Les pays et les continents Mettez les syllabes dans l'ordre approprié pour obtenir chaque pays ou continent. *Reorder the syllables to obtain each country or continent.*

1. a/que/fri _____

2. sie/a _____

3. se/suis _____

4. sil/bré _____

5. mé/que/ri/a _____

6. né/sé/gal _____

7. ro/eu/pe _____

8. ce/fran _____

9. gi/bel/que _____

10. da/na/ca _____

11. ni/tu/sie _____

12. aus/lie/tra _____

13. nis/u/tats-/é _____

14. xi/me/que _____

15. bourg/xem/lu _____

Mots cachés: Les nationalités Trouvez les traductions françaises des mots suivants qui sont cachés dans la grille, horizontalement, verticalement ou en diagonal. *Find the French translations of the following words that are hidden in the puzzle horizontally, vertically, or diagonally.*

```
X X D F T P B G A S S R O U N J T N T
K J N U N M P O I M Q C F V B A M C I
N R Q O N U F A J F P W U F S A M S T
N Z E L L O L H R V K G Q B C P V R A
I M K A K A Z Q O U R N B X A A N U L
T V Z R G Q Q L I J E Q S A N I P S I
N R O É L A Z G Z N W E W I A T N S E
O G N I H A Ï T I E N R A Z D S X E N
A É Z J R M G A U N W C Y O I E V E N
S Z N M L I C D E S I R R X E S I A E
B Y Q X Q O E I S R O S H Y N B A D N
E C F C R L M N É Y L T C U M B B E T
L Z H A R A Q M V S P X Q O F T I G D
G V M I N L A L R D Y I L W Q L D N D
E N Q T N S V P O B Z O K L É X U E R
G X E W V O K V W D C F R A N Ç A I S
G I O R K B I E X G Y T R N W D X U P
V I U N C Y V S V E U S U B I Y I B E
F C Q L V I O A E W I V P K A H B Q B
```

male American	male Belgian	female Moroccan
female Chinese	male Senegalese	male Israeli
male Canadian	female Italian	female Cuban
female Vietnamese	male Russian	male Colombian
male Frenchman	male Haitian	male Ivory Coast citizen

Devinette: Le monde francophone Choisissez la meilleure réponse. *Choose the best response.*

1. _____ Ce pays est en Afrique de l'ouest. Ses habitants sont des Béninois.

2. _____ C'est un état qui fait partie du pays situé au nord des États-Unis.

3. _____ Cette île antillaise est voisine de la Martinique et c'est une région française.

4. _____ Cette île antillaise est une nation indépendante.

5. _____ Ce pays situé près de l'Italie a de magnifiques lacs et montagnes.

6. _____ La capitale de ce pays situé sur le fleuve du Niger est Bamako.

7. _____ Rabat est la capitale de ce pays où on parle arabe et français.

8. _____ C'est un pays africain où on parle français et malgache.

9. _____ Cet état américain est officiellement bilingue.

10. _____ C'est un pays européen où on parle français et flamand.

a. la Louisiane

b. la Suisse

c. la Belgique

d. le Mali

e. le Québec

f. Haïti

g. le Maroc

h. Madagascar

i. le Bénin

j. la Guadeloupe

Reconstruire les phrases: Les traditions Mettez les mots de chaque phrase ci-dessous dans l'ordre logique. *Put the words of each of the sentences below in the logical order.*

1. des Français/la bûche /le gâteau de Noël/s'appelle/traditionnel

   _____

2. se font/beaucoup de/le 1er avril/des farces/francophones

   _____

3. la galette/les Français/le 6 janvier/mangent/des rois

   _____

4. de joie/à la Saint Jean/font/les Québécois/des feux

   _____

5. la récolte/d'érable/les Québécois/au printemps/font/de la sève

   _____

6. en Suisse/la Fête/une fête traditionnelle/est /des Vignerons

   _____

7. Pour/on mange/fêter/de la soupe/le Nouvel An/en Haïti/au potiron

   _____

8. le prénom/au Sénégal/d'un enfant/avoir/doit/une histoire

   _____

9. est/le boubou/en Afrique/un vêtement traditionnel

   _____

10. dans beaucoup de/un objet/le masque/est/d'art/traditionnel/pays africains

   _____

Mots croisés: Les langues Servez-vous des définitions suivantes pour remplir la grille. *Use the following definitions to solve this puzzle.*

Horizontalement (*Across*)

3. *C'est une des langues parlées au Sénégal.*

4. *C'est la langue parlée en Israël.*

5. *C'est la langue prédominante de l'Amérique du sud.*

8. *C'est la langue parlée aux États-Unis et la langue prédominante de l'Internet.*

9. *C'est une des langues parlées en Haïti.*

10. *C'est une langue parlée au Maroc, en Tunisie et en Egypte.*

12. *C'est une langue parlée dans un bon nombre de pays africains ainsi qu'au Québec et en France.*

Verticalement (*Down*)

1. *C'est la langue parlée en Allemagne et en Autriche.*

2. *C'est la langue parlée par les Chinois.*

6. *C'est la langue la plus proche du latin.*

7. *C'est la langue du Japon.*

11. *C'est la langue parlée en Russie.*

Jeu des intrus: Les beaux-arts Identifiez le mot ou la locution qui ne correspond pas à la catégorie présentée au début de chaque ligne. *Identify the word or phrase that does not correspond to the category presented at the beginning of each line.*

1. **la galerie d'art**: l'exposition, les dessins, les photos, les films

2. **l'artiste**: la photographe, le sculpteur, la publiciste, le peintre

3. **les arts graphiques**: la composition musicale, l'imprimerie, la restauration de tableaux, la reliure des livres

4. **les arts plastiques**: le photomontage, le collage, la danse, l'architecture

5. **l'art urbain**: le graffiti, le piercing, la mosaïque, l'affichage

6. **la peinture**: le tatouage, le chevalet, le pinceau, la palette

7. **la sculpture**: tailler, modeler, colorier, former

8. **l'architecture**: romaine, gothique, classique, virtuelle

9. **la poterie**: la porcelaine, la terre cuite, le moulage, la cuisson

10. **la photographie**: le film, l'appareil numérique, la bande dessinée, le satellite

EXERCICE
2·11

Devinette: La géographie et la topographie d'une région francophone Parmi les choix, trouvez celui qui complète le mieux chaque phrase. *Among the choices, find the one that best completes each sentence.*

1. _____ La Martinique est

2. _____ La Suisse, un pays européen,

3. _____ Le Luxembourg est un petit pays

4. _____ Le Mali a une frontière

5. _____ Le Cameroun a la forme

6. _____ Le Sénégal est un pays africain

7. _____ Les Seychelles sont un archipel

8. _____ Tahiti est une île polynésienne

9. _____ Le Nouveau Brunswick fait partie

10. _____ La France est voisine de l'Italie,

a. avec le Sénégal et avec l'Algérie.

b. la Suisse, l'Allemagne, le Luxembourg et la Belgique.

c. d'un triangle et il est situé au sud du lac Tchad.

d. une île fleurie avec un volcan éteint.

e. situé au nord de la France et à l'est de la Belgique.

f. dans l'Océan Pacifique.

g. des provinces maritimes du Canada.

h. qui a une côte de 531 kilomètres sur l'Océan Atlantique.

i. de 115 îles dans l'Océan Indien.

j. comprend des lacs, des glaciers, des forêts et des fleuves.

Vrai ou faux: La culture d'une région francophone Écrivez V (vrai) ou F (faux) pour chaque phrase. *Write V (true) or F (false) for each sentence.*

1. _____ La première langue du Québec est l'anglais.

2. _____ Haïti est une région d'outre-mer de la France.

3. _____ La Côte d'Ivoire est un pays francophone d'Afrique.

4. _____ La Louisiane a deux langues officielles: le français et l'anglais.

5. _____ Monaco est une principauté au sud de la France.

6. _____ La Guyane française est un département français d'outre-mer situé en Amérique.

7. _____ Les origines culturelles de la Guadeloupe sont africaines, européennes, indiennes et américaines.

8. _____ La population de l'Ile Maurice est exclusivement européenne.

9. _____ Au Tchad, on parle une seule langue: le français.

10. _____ La Belgique est une monarchie constitutionnelle.

Les relations sociales

Social relations

VOCABULAIRE

Vocabulaire utile

Description d'une attitude

attitude (f)	*attitude*
autoritaire	*authoritarian*
calme	*calm*
coléreux (-se)	*quick-tempered*
compréhensif (-ve)	*understanding*
conciliant(e)	*conciliatory*
égoïste	*selfish*
excentrique	*eccentric*
fermé(e)	*closed-minded*
fier (-ère)	*proud*
généreux (-se)	*generous*
imprudent(e)	*reckless*
intransigeant(e)	*intransigent*
modeste	*modest*
obstiné(e)/têtu(e)	*obstinate/stubborn*
ouvert(e)	*open-minded*
prudent(e)	*cautious*
raisonnable	*reasonable*
sage	*wise*
vaniteux (-se)	*vain*

Actes de réciprocité

accompagner	*to accompany*
approuver	*to approve*
bavarder	*to chat*
désapprouver	*to disapprove*
discuter	*to discuss*
inviter	*to invite*
partager	*to share*
rencontrer	*to meet*
retrouver	*to join*
rompre	*to break up*
s'attirer	*to attract each other*
s'entendre	*to get along*
se comprendre	*to understand each other*
se connaître	*to know each other*
se découvrir	*to discover each other*
se disputer	*to argue with each other*
se plaire	*to like each other*
se quereller	*to quarrel with each other*
se séparer	*to separate from each other*
tomber amoureux	*to fall in love*

Les connaissances

agent (m) de police	*police officer*
avocat/avocate (m/f)	*attorney*
camarade (m/f)	*friend*
coiffeur/coiffeuse (m/f)	*hairstylist*
collègue (m/f)	*colleague*
copain/copine (m/f)	*buddy/friend*
employé/ employée (m/f)	*employee*
épicier/épicière (m/f)	*grocer*

Les relations

assimilation (f)	*assimilation*
autonomie (f)	*autonomy*
choix (m)	*choice*
civisme (m)	*civic spirit*
classe (f)	*class*
comportement (m)	*behavior*
conformité (f)	*conformity*
courage (m)	*courage*

Les connaissances (cont.)

esthéticien/esthéticienne (m/f)	*beautician*
facteur (m)	*mail carrier*
garde d'enfants (f)	*babysitter*
instituteur/institutrice (m/f)	*teacher*
livreur (m)	*delivery person*
patron/patronne (m/f)	*boss*
traiteur (m)	*caterer*
voisin/voisine (m/f)	*neighbor*

Les relations (cont.)

déviance (f)	*deviance*
droit (m)	*right*
groupe (m)	*group*
idée (f)	*idea*
individu (m)	*individual*
individuellement	*individually*
intégration (f)	*integration*
interdépendance (f)	*interdependence*
isolement (m)	*isolation*
lien (m)	*link*
loi (f)	*law*
marginalité (f)	*marginality*
milieu (m)	*middle*
mœurs (fpl)	*mores*
opinion (f)	*opinion*
préjugé (m)	*prejudice*
règlement (m)	*rule*
respect (m)	*respect*
responsabilité (f)	*responsibility*
rôle	*role, part*
société (f)	*society*
solidarité (f)	*solidarity*
statut (m)	*status*
tolérance (f)	*tolerance*

Mots cachés: Les attitudes Trouvez les traductions françaises des mots suivants qui sont cachés dans la grille, horizontalement, verticalement ou en diagonal. *Find the French translations of the following words that are hidden in the puzzle horizontally, vertically, or diagonally.*

```
T E X C E N T R I Q U E E X V P M
O Y N A V I V R C Z T T P E J L P
L B W R K P M P K N S A L C H M B
É F H A X K R C A Ï U G U O I O X
R I V I A K N I O O H T D M N G Z
A T F S K X L G K H J Y H P V N P
N Q H O A I É Y Y U X F Z R Y I O
T A T N C P P R G U X R T É F I U
E T D N A Z Y X E Z X G X H L G H
M H O A A I U R L Q X Y X E E H Z
X C F B M T É Z I Q U G Y N X U G
V I Q L B L Ê O U V E R T S B M R
B X K E O V P T G M O Q M I F B L
D G V C Y M U D U J C S C V I L I
H Z E F Z A A L B E T Z W E E E C
N P I D A M D N V H P G B S R A F
V A N I T E U S E Z X E B X B W H
```

quick tempered (m)	tolerant (f)
vain (f)	understanding (f)
open (m)	conciliatory (f)
proud (m)	humble (m/f)
selfish (f)	reasonable (m/f)
stubborn (f)	eccentric (m/f)

Le mot mystère: Les attitudes et le caractère Complétez l'antonyme de chaque adjectif féminin français. Les lettres encadrées formeront le mot mystère. *Complete the antonym of each feminine French objective. The framed letters will constitute the mystery word.*

1. prudente i __ ▓ r __ d __ n __ __

2. irresponsable r __ __ __ o __ s ▓ b __ __

3. généreuse é __ o __ ▓ t e

4. excentrique ▓ a __ e

5. modeste v __ n ▓ t __ __ s __

6. fermée ▓ u __ __ r __ __

7. obstinée c __ ▓ c __ l __ a __ t __

8. sympathique a ▓ __ i __ a __ h __ q __ e

9. calme __ o __ ▓ r __ u __ e

10. insociable s __ c __ __ b __ ▓

Le mot mystère: _____

Jeu des synonymes: Les phases de l'amitié Écrivez la lettre correspondant au synonyme de chaque mot sur la ligne appropriée. *Write the letter that corresponds to the synonym of each word on the appropriate line.*

1. _____ rencontrer   a. accompagner

2. _____ s'entendre   b. mettre/avoir en commun

3. _____ sortir avec quelqu'un   c. devenir amis

4. _____ discuter   d. se plaire

5. _____ convier   e. se quereller

6. _____ s'attirer   f. rompre

7. _____ tomber amoureux   g. retrouver

8. _____ se séparer   h. bavarder

9. _____ se lier d'amitié   i. se comprendre

10. _____ se découvrir   j. s'éprendre

11. _____ se disputer   k. se connaître

12. _____ partager   l. inviter

Mots croisés: Les connaissances Complétez la grille des mots croisés à l'aide des définitions suivantes. *Use the following definitions to solve the puzzle.*

Horizontalement (*Across*)

3. *C'est la dame qui s'occupe de vos cheveux.*

6. *C'est le monsieur qui supervise.*

9. *C'est la fille ou la dame à côté.*

10. *C'est le monsieur qui fait respecter la loi.*

12. *C'est le monsieur qui livre des paquets ou des marchandises.*

13. *C'est un synonyme pour* ami.

Verticalement (*Down*)

1. *C'est la dame qui travaille avec vous.*

2. *C'est le monsieur qui instruit les jeunes enfants à l'école élémentaire.*

4. *C'est la dame qui s'occupe de votre beauté.*

5. *C'est un synonyme pour* ami *qui est surtout employé pour la classe.*

7. *C'est le monsieur qui vous organise un grand repas chez vous ou dans un hôtel.*

8. *C'est le monsieur qui livre les lettres.*

11. *C'est la dame qui paie votre salaire.*

Mots cachés: L'individu dans la société Trouvez les traductions françaises des mots suivants qui sont cachés dans la grille, horizontalement, verticalement ou en diagonal. *Find the French translations of the following words that are hidden in the puzzle horizontally, vertically, or diagonally.*

```
I N T E R D É P E N D A N C E
O W M N J R E C Z I X I H Z M
Y G D I Q O L I E N L W J U I
N R C V N I O O S R Y J D G E
S V T Y O T M D I A E Z X X S
O Z M B G Y É S T T U Z D R V
L B U H X R V G N S Q J C E A
I D Y K M E O E R E V L T S U
D U F S J L M U J A L O P P T
A E Z A E E Z O P B T W F E O
R E D P L Z E Y F E R I X C N
I Q T O V Z Q B B D J Y O T O
T A S S I M I L A T I O N N M
É I J U Z G I V M G I Z H Z I
R E S P O N S A B I L I T É E
```

autonomy

interdependence

group

right

responsibility

respect

isolation

assimilation

integration

solidarity

link

Quel est l'ordre? La socialisation de l'enfant Mettez les descriptions des différentes étapes dans l'ordre logique. *Put the descriptions of the various stages into logical order.*

1. _____ Il découvre son environnement et touche à tout.

2. _____ Il intègre la mini société d'une classe.

3. _____ Il vous fait ses premiers sourires.

4. _____ Il comprend la différence entre ses préférences personnelles et celles d'autres.

5. _____ Il commence à manifester des réactions émotionnelles quand on le touche.

6. _____ Il apprend a respecter les droits et les opinions des autres.

7. _____ La communication verbale accélère le processus de socialisation.

8. _____ En plus de lire et d'écrire, il apprend à connaître les conventions sociales.

Devinette: Les adolescents au 21e siècle Choisissez la meilleure réponse. *Choose the best response.*

1. Les adolescents préfèrent généralement...
   a. se coucher tard.
   b. sortir avec des adultes.

2. Les adolescents sont pour la plupart des accros...
   a. de la musique rock.
   b. de la communication électronique.

3. Dans les familles monoparentales ou recomposées, les adolescents...
   a. ont rarement les mêmes règles à suivre.
   b. ont rarement des disputes avec leurs parents.

4. Les parents craignent le plus... pour leurs adolescents.
   a. le manque de sommeil
   b. la consommation d'alcool

5. On peut dire que les relations entre les adolescents et leurs parents...
   a. n'existent plus du tout.
   b. sont parfois marquées de conflits.

6. Le tatouage et le piercing parmi les adolescents...
   a. peuvent être une affirmation identitaire.
   b. sont toujours des risques à la santé.

7. Les adolescents contemporains...
   a. subissent les effets d'un monde riche d'outils informationnels et virtuels.
   b. résistent aux changements dans la structure de la société.

8. Un problème commun parmi les adolescents issus de l'immigration est lié à...
   a. l'addiction aux jeux vidéo.
   b. l'identité culturelle.

Mots cachés: La société multiculturelle Trouvez les traductions françaises des mots suivants qui sont cachés dans la grille, horizontalement, verticalement ou en diagonal. *Find the French translations of the following words that are hidden in the puzzle horizontally, vertically, or diagonally.*

```
Q P D W C M A R G I N A L I T É U P A
A D X S C O G U T Z Y J J O F C P O I
H J H J D D M P I B R L W J U O T V Z
E P K T A P U P U Y I P V I X N L R D
Z D R L I I P I O F E F G V M F I Z X
I N È B D G D D X R R U R B E O C N W
I O G B O Q N Y É Z T K A G P R N H K
N M L T W L E A P V É E A A Q M C Z W
R B E A Y S M T Q G I R M J Q I J R V
L R M C L L P E U B U A U E W T C T B
M O E U R S U J P O S D N O N É A W L
A Q N T W K É W C N W T V C L T G Z B
H I T N R R C W P M L Y A M E E Z C Y
C S S L P G L V G V C H Y T I A F D Y
H F S K D R A F M E H C A B U L W G H
G T E C V K S R R U O U E X A T I H D
H S X O A S S J Ô W I G T Y B N O E U
A Z T J C P E S A L X S R H F G Q H U
T O L É R A N C E D E C I V I S M E L
```

part   prejudice

mores   choice

behavior   civic spirit

status   courage

deviance   conformity

marginality   rule

middle   tolerance

class

Jeu de reconstruction: Les groupes sociaux Mettez les mots de chaque phrase ci-dessous dans l'ordre logique. *Put the words of each of the sentences below in the logical order.*

1. se définit/caractéristiques/un groupe social/par les/communes/de ses membres

_____

2. entre eux/communiquent/d'un groupe social/les membres

_____

3. groupe/ses règlements/tout/social/a

_____

4. les individus/une classe/une position/regroupe/similaire/sociale/qui ont/ économique

_____

5. a/formels/chaque société/par exemple dans le contexte/des groupes/du travail

_____

6. sur l'appartenance/une société/a/basés/volontaire/informels/aussi/des groupes

_____

Jeu des intrus: L'immigration Identifiez le mot ou la locution qui ne correspond pas à la catégorie présentée au début de chaque ligne. *Identify the word or phrase that does not correspond to the category presented at the beginning of each line.*

1. **l'immigration illégale**: clandestin, intégré, marginal, fugitif
2. **l'immigration légale**: le droit d'asile, la terre d'accueil, les droits, la déportation
3. **l'immigration économique**: la main d'œuvre, l'emploi, le statut politique, le travail saisonnier
4. **l'intégration**: l'oubli des traditions, l'égalité, le respect, l'accès à l'éducation
5. **les immigrés**: les xénophobes, les survivants de guerres civiles, les réfugiés politiques, les sans-papiers

Le couple dans la société française actuelle Remplissez chaque trou avec le mot français approprié pour apprendre des faits sur la société française. *Fill in each blank with the appropriate French word to learn some facts on French society.*

Jusqu'aux environs de 1970, une jeune femme attendait presque toujours de _____

(*to get married*) pour vivre avec son _____ (*spouse*). Le _____

(*divorce*) était difficile à obtenir et n'avait lieu que dans les cas où la vie _____

(*together*) n'était vraiment plus supportable. Aujourd'hui la _____

(*cohabitation*) précède généralement les _____ (*wedding*).

Le _____ (*marriage*) traditionnel n'est donc plus très à la mode en

France. Alors, beaucoup de Françaises ont des bébés sans être _____

(*married*) et, souvent, après l'âge de trente ans. On vit en _____ (*couple*)

et on se _____ (*separate*) si ça ne marche pas.

L'art de vivre

Living arrangements

Vocabulaire utile

Types d'habitation

appartement (m)	*apartment*
chalet (m)	*log cabin*
chambre d'hôte (f)	*guest room*
château (m)	*castle*
cité (f)	*housing project*
colonie (f)	*summer camp*
domaine (m)	*estate*
écurie (f)	*barn*
foyer (m) sans abris	*homeless shelter*
gîte (m)	*renovated barn/ housing*
gratte-ciel (m)	*skyscraper*
location (f)	*rental*
lotissement (m)	*project*
multipropriété (f)	*time-share*
tente (f)	*tent*
terrain (m) de camping	*campground*

La logistique

achat (m)	*purchase*
annonce (f)	*ad*
banlieue (f)	*suburb*
frais (m)	*fees*
hypothèque (f)	*mortgage*
loyer (m)	*rent*
vente (f)	*sale*
ville (f)	*city*

Accessoires et appareils ménagers

ampoule électrique (f)	*lightbulb*
aspirateur (m)	*vacuum*
cafetière (f)	*coffeemaker*
casserole (f)	*pot*

L'intérieur

bureau (m)	*office*
cave (f)	*cellar*
chambre (à coucher) (f)	*bedroom*
cuisine (f)	*kitchen*
entrée (f)	*entrance*
escalier (m)	*stair*
grenier (m)	*attic*
salle à manger (f)	*dining room*
salle de bains (f)	*bathroom*
salon (m)	*living room*
toilettes (fpl)	*restroom*
WC (m)	*water closet*

L'extérieur

balcon (m)	*balcony*
clôture (f)	*fence*
étang (m)	*pond*
gazon (m)	*lawn*
piscine (f)	*pool*
terrasse (f)	*terrace*

Aménagement (*Fixtures*)

chaise (f)	*chair*
chandelier (m)	*candelabra*
coussin (m)	*cushion*
divan (m)	*couch*

33

Accessoires et appareils ménagers (cont.)

cuisinière (f)	*stove*
four (m)	*oven*
interrupteur (m)	*light switch*
lave-vaisselle (m)	*dishwasher*
machine à laver (f)	*washing machine*
micro-ondes (m)	*microwave*
mixer (m)	*mixer*
rasoir (m)	*razor*
réfrigérateur (m)	*refrigerator*
sèche-cheveux (m)	*hair dryer*
sèche-linge (m)	*clothes dryer*

Aménagement (*Fixtures*) (cont.)

étagère (f)	*shelf*
évier (m)	*kitchen sink*
fauteuil (m)	*armchair*
lampe (f)	*lamp*
lavabo (m)	*bathroom sink*
lit (m)	*bed*
lumière (f)	*light*
lustre (m)	*ceiling light*
masque (m)	*mask*
miroir (m)	*mirror*
moquette (f)	*rug*
nappe (f)	*tablecloth*
photo (f)	*photo*
plante (f)	*plant*
portemanteau (m)	*coatrack*
poster (m)	*poster*
prise (f) de courant	*electric plug*
rideau (m)	*curtain*
robinet (m)	*faucet*
statuette (f)	*statuette*
tableau (m)	*painting*
tapis (m)	*carpet*
vase (m)	*vase*

Les travaux ménagers

arroser les plantes	*to water the plants*
cirer le parquet	*to wax the floor*
faire la cuisine	*to cook*
faire la poussière	*to dust*
faire la vaisselle	*to wash dishes*
laver les fenêtres	*to wash windows*
nettoyer le plancher	*to clean the floor*
passer l'aspirateur	*to vacuum*
plier le linge	*to fold laundry*
ranger la chambre	*to tidy up the room*
ranger les placards	*to organize closets*
repasser les vêtements	*to iron clothes*

Le bricolage et le jardinage

accrocher	*to hang*
couper	*to cut*
déboucher	*to unblock*
décrocher	*to take down*
installer	*to install*
monter	*to put together*
planter	*to plant*
remplacer	*to replace*
réparer	*to repair*
repeindre	*to paint over*
semer	*to seed*
tailler	*to trim*
tondre	*to mow*

Mots croisés: L'immobilier Traduisez chacun des mots de l'anglais au français pour compléter la grille. *Translate each word from English to French to complete the puzzle.*

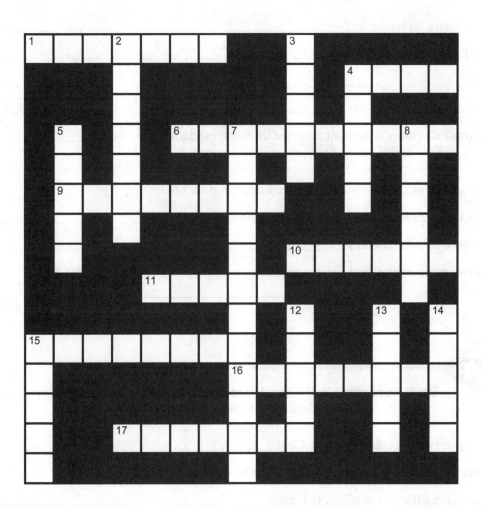

Horizontalement (*Across*)

1. *estate*
4. *price*
6. *mortgage*
9. *rental*
10. *studio*
11. *fees*
15. *housing accommodation*
16. *buyer*
17. *contract*

Verticalement (*Down*)

2. *ad*
3. *sale*
4. *room*
5. *villa*
7. *owner*
8. *urban*
12. *purchase*
13. *agent*
14. *rural*
15. *rent*

Devinette: Les pièces d'un logement Devinez quelle pièce d'un logement est décrite. *Guess which room of an apartment is described.*

1. On y prépare les repas. _____

2. On y dort et on y passe la nuit. _____

_____

3. On y dîne avec des invités. _____

4. On y bavarde confortablement assis sur un divan ou dans un fauteuil. _____

_____

5. On y va pour se laver les mains, mais pas pour se doucher. _____

6. On y va pour prendre une douche ou un bain. _____

7. On y travaille à l'ordinateur. _____

8. On y laisse son manteau et son parapluie. _____

Devinez ce que c'est? Les appareils ménagers Devinez quel appareil ménager est décrit. *Guess which household appliance is described.*

1. Ça me sert à faire cuire les pâtes. C'est _____.

2. Ça sert à nettoyer le sol, surtout quand on a un chien. C'est _____.

3. Ça me sert à faire un poulet rôti. C'est _____.

4. Ça me sert à conserver la glace et les glaçons. C'est _____.

5. Ça sert à conserver les fruits et les légumes. C'est _____.

6. Ça me sert à battre les œufs en neige. C'est _____.

7. Ça me sert à vite réchauffer une part de pizza. C'est _____.

8. Ça me sert à laver toute la vaisselle du dîner. C'est _____.

9. Ça sert à sécher les cheveux. C'est _____.

10. Ça sert à laver le linge. C'est _____.

11. Ça sert à raser la barbe. C'est _____.

12. Ça sert à sécher le linge. C'est _____.

Mots cachés: Idées de décoration Trouvez les traductions françaises des mots suivants qui sont cachés dans la grille, horizontalement, verticalement ou en diagonal. *Find the French translations of the following words that are hidden in the puzzle horizontally, vertically, or diagonally.*

```
Z C U P V M X W R B C E X E K T E
N K N H K O N S T M U K R D N E P
N P E O F Q D Y V X L T J Q V Y W
A Y H T D U W R C I S B N P B C S
P V D O B E F J K U R N S V Y H T
P Y G M T T W M L N A F S X U A A
E H J N L T P N O S P O X F Q N T
K T A B L E A U B D T M W D Q D U
R L C P P L Q P O F I K P T E E E
P I U L A L A G I H A D C S N L T
C E D B M I B M F S F H R Z L I T
R O Q E A F I M P B F E X X P E E
X B U Z A N O M O E T K U W W R J
P X R S V U K J P S B P I Q E I V
U V B V S C I B O U G K C V V Y A
B S A M N I K P N J Z O G S W Z S
M A S Q U E N H B Z K W I Y R F E
```

curtain	candelabra	plant
carpet	vase	cushion
rug	statuette	tablecloth
lamp	mask	painting
ceiling light	photo	poster

Jeu des intrus: L'intérieur d'une maison Identifiez le mot ou la locution qui ne correspond pas à la catégorie présentée au début de chaque ligne. *Identify the word or phrase that does not correspond to the category presented at the beginning of each line.*

1. **la cave**: le vin, les livres, le bois de cheminée, le charbon

2. **la salle de séjour**: des pots de peinture, des fauteuils, des divans, des tableaux

3. **le couloir**: les portes, les gravures, les murs, le toit

4. **la salle de jeux**: la table de billard, les jeux vidéo, les balles, le rasoir

5. **le garage**: les vélos, les voitures, les balais, les vêtements

6. **la salle de bains**: la baignoire, le lavabo, l'évier, le miroir

7. **la chambre**: le lit, le mixer, la lampe, la table de chevet

8. **le bureau**: le téléphone, l'imprimante, l'ordinateur, la douche

Le mot mystère: L'extérieur d'une maison Traduisez chaque mot de l'anglais en français pour découvrir le mot mystère. *Translate each word from English to French and discover the mystery word.*

1. *balcony* __ __ __ ▨ __ __

2. *plants* __ ▨ __ __ __ __ __

3. *pylon/decorative pillar* __ __ __ ▨ __ __

4. *pond* __ ▨ __ __ __

5. *flowers* __ __ __ ▨ __ __

6. *garden* __ __ ▨ __ __ __

7. *tree* __ __ __ ▨

Le mot mystère: _____

Jeu de synonymes: La cohabitation Ecrivez la lettre correspondant au synonyme de chaque mot sur la ligne approprieé. *Write the letter that corresponds to the synonym on the appropriate line.*

1. _____ vivre en couple

2. _____ déménager de la maison de ses parents

3. _____ louer son propre studio

4. _____ rester chez maman et papa

5. _____ être colocataire

6. _____ acheter une maison ensemble

a. garder sa chambre d'enfant

b. payer la moitié du loyer

c. emménager avec un amoureux/ une amoureuse

d. devenir copropriétaires

e. quitter la famille

f. vivre seul(e)

Jeu des lettres: En vacances Ajouter des lettres pour épeler le mot français qui représente chaque mot anglais. *Add letters to spell the French word that represents each English word.*

1. __ __ l __ __ __ e (*camp*)

2. v __ __ __ a __ e (*village*)

3. __ l __ b (*club*)

4. __ e __ m __ (*farm*)

5. __ î __ e (*farm lodging*)

6. c __ __ m __ __ e d'h __ t __ (*rented room*)

7. __ ô __ __ __ (*hotel*)

8. __ h __ __ e __ (*wooden cabin/house*)

9. __ __ n g __ __ __ w (*bungalow*)

10. __ __ __ t e (*tent*)

Choix multiples: Apprécier son logis Choisissez la meilleure réponse.
Choose the best response.

1. J'ai une grande cave dans ma maison. Dans cette cave, je dois de temps en temps,...
   a. trier les ordures du mois passé.
   b. laver les rideaux des douches.
   c. jeter les vieilles choses inutiles.
   d. me promener.

2. J'habite dans un studio au centre-ville avec beaucoup de circulation. Je dois régulièrement...
   a. ouvrir les fenêtres pour avoir de l'air frais.
   b. tomber des escaliers du premier étage.
   c. laver le carrelage de la salle de bains.
   d. dîner avec les voisins.

3. Hélène est une femme mariée. Sa chambre à coucher comprend seulement...
   a. un divan et un fauteuil.
   b. un grand lit et une armoire.
   c. un tapis et une étagère.
   d. une télévision et une radio.

4. Roland et Philippe sont camarades de chambre à l'université;...
   a. ils partagent une petite salle de bains.
   b. ils jouent au billard dans leur chambre.
   c. ils nettoient souvent leurs deux cuisinières.
   d. ils font le ménage du matin au soir.

5. Deux amies, Mireille et Josiane, louent un studio en ville;...
   a. elles paient une hypothèque à la banque.
   b. elles font quelquefois la cuisine ensemble.
   c. elles démolissent un mur pour agrandir le studio.
   d. elles ont un grand grenier.

6. Jeannot et sa sœur Yveline habitent dans une ferme à la campagne; ils adorent...
   a. planter des fleurs dans le grenier.
   b. chasser les poules dans les toilettes.
   c. jouer avec les moutons et courir après les poules.
   d. manger les chevaux tous les jours.

Mots croisés: Les habitations au fil du temps Servez-vous des définitions suivantes pour compléter la grille. *Use the following definitions to solve this puzzle.*

Horizontalement (*Across*)

3. *C'était la résidence des rois et des reines.*

7. *C'est un abri dans la montagne.*

8. *C'est une petite maison africaine.*

9. *C'est où vous rentrez tous les soirs.*

10. *Cendrillon est allée au bal dans l'un de ceux-ci.*

Verticalement (*Down*)

1. *C'est une tour très haute.*

2. *On y garde les chevaux.*

4. *C'était une résidence bourgeoise en ville.*

5. *C'était une résidence de grands bourgeois en province.*

6. *C'est une demeure en glace au Pôle Nord.*

Mettons de l'ordre! Les travaux de ménage et de jardinage Écrivez la lettre du choix qui complète le plus logiquement chaque phrase. *Write the letter of the choice that best completes each sentence.*

1. _____ Après ce grand dîner, il faut...

2. _____ Après avoir lavé le linge, il faut...

3. _____ Les chiens sont passés dans le salon.

4. _____ Pour avoir quelque chose à manger, il faut...

5. _____ C'est le printemps.

6. _____ Je ne trouve plus rien dans le placard.

7. _____ Cette jupe a besoin d'être...

8. _____ L'évier est bouché. Il faut le...

9. _____ L'herbe est déjà haute. Il faut...

10. _____ Le parquet n'est pas très beau. Il faut...

a. déboucher.

b. faire la cuisine.

c. repassée.

d. Rangez-le!

e. le cirer.

f. plier tout ça.

g. tondre le gazon.

h. faire la vaisselle.

i. Passez l'aspirateur!

j. Semez les graines!

Affaires personnelles

Personal items

VOCABULAIRE

Vocabulaire utile

Vêtements

bonnet (m)	*woolen cap*
botte (f)	*boot*
casquette (f)	*baseball hat*
chandail (m)	*sweater*
chaussette (f)	*sock*
chaussure (f)	*shoe*
chemise (f)	*man's shirt*
chemisier (m)	*lady's shirt*
coupe-vent (m)	*Windbreaker*
costume (m)	*man's suit*
cravate (f)	*tie*
débardeur (m)	*tank top*
écharpe (f)	*scarf*
gant (m)	*glove*
jupe (f)	*skirt*
maillot (m)	*jersey*
manteau (m)	*coat*
robe (f)	*dress*
tailleur (m)	*lady's suit*

Bijoux et argent

alliance (f)	*wedding ring*
anneau (m)/bague (f)	*ring*
argent liquide (m)	*cash*
boucle d'oreille (f)	*earring*
bouton	*stud*
bracelet (m)	*bracelet*
broche (f)	*brooch*
chaîne (f)	*chain*
chèque (f)	*check*
collier (m)	*necklace*
espèces (fpl)	*cash money*
montre (f)	*watch*
pendentif (m)	*pendant*

Documents

certificat (m) de naissance	*birth certificate*
compte (m) en banque	*bank account*
diplôme (m)	*diploma*
facture (f)	*bill*
passeport (m)	*passport*
permis (m) de conduire	*driver's license*

Pot-pourri

album (m)	*album*
blog (m)	*blog*
canne (f) à pêche	*fishing rod*
chope (f)	*beer mug*
guide (m)	*guide*
jeu vidéo (m)	*video game*
journal (m)	*diary*
lecteur de DVD (m)	*DVD player*
lecteur (m) de livres	*e-reader (Kindle, etc.)*

La voiture

ceinture (f) de sécurité	*seat belt*
clé/clef (f)	*key*
coffre (m)	*trunk*
décapotable (f)	*convertible*
moteur (m)	*motor*
rétroviseur (m)	*rearview mirror*
siège (m)	*seat*
transmission (f)	*transmission*
vitesse (f)	*speed*
voiture de sport (f)	*sports car*

Pot-pourri (cont.)

livre (m) de cuisine	*cookbook*
porcelaine (m)	*china*
porte-clef (m)	*key holder*
poterie (f)	*pottery*
poupée (f)	*doll*
raquette (f)	*racquet*
revue (f)	*magazine*
roman (m)	*novel*
tableau (m)	*painting*
tasse (f)	*cup*
vélo (m)	*bike*
verre (m)	*glass*

Articles de toilette

brosse (f)	*brush*
crème (f) à raser	*shaving cream*
crème (f) solaire	*sunscreen*
démaquillant (m)	*makeup remover*
dentifrice (m)	*toothpaste*
fard (m)	*eye shadow*
fil (m) dentaire	*dental floss*
maquillage (m)	*makeup*
peigne (m)	*comb*
rasoir (m)	*razor*
savon (m)	*soap*
vernis (m) à ongles	*nail polish*

Articles de bureau

dictionnaire (m)	*dictionary*
fichier (m)	*folder*
imprimante (f)	*printer*
logiciel (m)	*software*
ordinateur (m)	*computer*

Actions mécaniques et électroniques

afficher	*to post*
appuyer	*to push/press*
copier	*to copy*
démarrer	*to start*
développer	*to develop*
encadrer	*to frame*
envoyer	*to send*
fournir	*to provide*
mettre à jour	*to update*
mettre en marche	*to power/switch on*
numérique	*digital*
photographie (f)	*photography*
postuler	*to apply*
télécharger	*to up/download*

Mots cachés: Mes vêtements Trouvez les traductions françaises des mots suivants qui sont cachés dans la grille, horizontalement, verticalement ou en diagonal. *Find the French translations of the following words that are hidden in the puzzle horizontally, vertically, or diagonally.*

```
C D C S R X O T Q Y X V R P Y O W T D
D H Q H O O A J O V C H J R F I Y H X
F V A B K Q B C V H H G Z E R C Q O F
U V B U Q K J E K H A T O J K O B Y X
L S P D S R C H W O U W Q K L K M X S
H I D H U S D Q U B S D P Z V J O A J
T Q N A N W U H G K S Z Q F O N B C I
M L H G E A P R L B E Z E M O T D H P
T L O P E P Y I E V T D O L A N G E Q
O Q F T U R A R G S T C A U O H G M X
C C N S Z D I W K Y E T B A D T U I D
W A A Y N C Q E R Z N M H O T E S S É
M C F A V V D U E A J U P E T O É I B
V C H W O T N T P T Z V U A R C C E A
E C K A Z C H E M I S E V A G V H R R
S Z W O F Q P G F G M A M T I G A T D
T A K R N D V V G R R I L W H S R B E
E Z R D R S J X R C N B D N P W P K U
R B O E O M B C E I N T U R E B E D R
```

pants	tank top
man's shirt	lingerie
lady's shirt	jacket
stocking	sweater
sock	coat
shoe	tie
dress	scarf
skirt	belt

Choix multiples: Mes documents Choisissez la meilleure réponse.
Choose the best response.

1. Vous allez voyager en pays étranger. Il vous faut...
   a. vos photos.
   b. des espèces.
   c. des chèques.
   d. votre passeport.

2. Vous allez emmener une amie à l'aéroport dans votre voiture. Il vous faut...
   a. de l'argent liquide.
   b. votre permis de conduire.
   c. le certificat de vente de la voiture.
   d. le manuel du code de la route.

3. Vous voulez suivre des cours à l'université. Le comité d'admission veut voir...
   a. votre certificat de naissance.
   b. votre facture d'électricité.
   c. votre diplôme de fin d'études secondaires.
   d. votre livret bancaire.

4. Vous voulez un prêt de votre banque. Vous devez certainement fournir...
   a. un rapport de crédit.
   b. votre adresse e-mail.
   c. votre passeport.
   d. un numéro de compte en banque.

5. Vous voulez que votre université vous donne des unités de valeur pour les cours avancés
   que vous avez suivis au lycée. Vous envoyez...
   a. une copie de votre diplôme d'études secondaires.
   b. une transcription des cours du niveau secondaire.
   c. des recommandations de vos professeurs.
   d. une lettre du directeur/de la directrice.

6. Vous devez prouver que vous êtes de nationalité américaine. Vous pouvez montrer...
   a. votre biographie.
   b. l'arbre généalogique de votre famille.
   c. le certificat de mariage de vos parents.
   d. votre certificat de naissance.

7. Vous voulez faire du bénévolat en Afrique avec une organisation comme *Médecins sans
   frontières*. Vous avez besoin...
   a. de diplômes post-secondaires.
   b. d'un diplôme scientifique.
   c. d'un certificat de bonne santé de votre docteur.
   d. d'une lettre officielle de votre sénateur.

8. Vous postulez pour un emploi dans une société informatique. Vous envoyez...
   a. un courriel avec vos données personnelles.
   b. un curriculum vitae mis à jour.
   c. une liste de vos logiciels préférés.
   d. votre fiche d'abonnement.

Mots croisés: Pot pourri I Servez-vous des traductions des mots anglais pour remplir la grille. *Use the translations of the English words to solve this puzzle.*

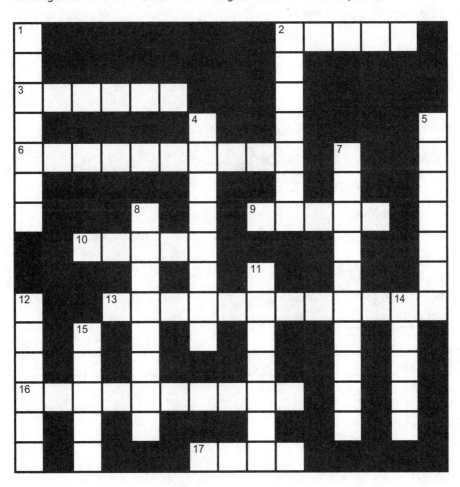

Horizontalement (*Across*)

2. *cup*
3. *trunk*
6. *printer*

9. *guide*
10. *beer mug*
13. *dictionary*

16. *china*
17. *bike*

Verticalement (*Down*)

1. *folder*
2. *painting*
4. *racquet*
5. *pottery*

7. *computer*
8. *software*
11. *diary*
12. *doll*

14. *novel*
15. *glass*

Le mot mystère: Mon équipement de sport Traduisez chaque mot de l'anglais en français pour découvrir le mot mystère. *Translate each word from English to French and discover the mystery word.*

1. *ski* ▪ __ __

2. *racket* __ __ __ ▪ __ __ __ __

3. *parka* __ __ ▪ __ __

4. *bike* ▪ __ __ __

5. *fishing rod* __ __ __ __ __ à __ ▪ __ __ __

6. *sweatshirt* __ __ __ ▪

7. *helmet* __ __ __ __ __ ▪

8. *sports jersey* ▪ __ __ __ __ __ __

9. *(tennis) ball* __ __ __ __ ▪

10. *(soccer) ball* __ __ __ __ __ ▪

11. *Windbreaker* __ __ __ __ __ - __ __ __ ▪

Le mot mystère: _____

Mots cachés: Mes photos Trouvez les traductions françaises des mots suivants qui sont cachés dans la grille, horizontalement, verticalement ou en diagonal. *Find the French translations of the following words that are hidden in the puzzle horizontally, vertically, or diagonally.*

```
E D I P N Y R B J J G S R X R
N Q W N H E R A J O E E J B D
C O M Q Y O M B L E G T G P É
A V W O F H T B G R E Y Y V V
D X V C S C V O A A A A L A E
R N A S O V T H G Q K V B K L
E R U F Q P C I B R U V E Q O
R I S E F É I V F H A U S L P
M D R T L I I E D R Q P U H P
L J X É J X C Z R I G L H T E
F F T B V O S H R P R G T I R
H W L M K U P É E A L B U M E
E J J D M L M C V R P N L F A
D E E J K U J W R T A C U W U
S P T X N K L D N F C P C B L
```

photography	to send
digital	to up/download
to frame	to develop
to post	album
to copy	blog

Jeu des lettres: Souvenirs de vacances Ajouter des lettres pour épeler le mot français qui représente chaque mot anglais. *Add letters to spell the French word that represents each English word.*

1. __ __ t __ __ __ e (*pottery*)

2. p __ __ __ __ é (*doll*)

3. __ __ n (*wine*)

4. __ i __ __ e (*book*)

5. p__ __ f __ __ (*perfume*)

6. __ __ b __ e __ __ (*painting*)

7. v __ d __ __ (*video*)

8. p __ __ c __ l __ __ __ e (*china*)

9. __ o __ t __ - c __ __ f (*key holder*)

10. __ a __ __ e (*card*)

11. v __ __ __ e (*glass*)

12. __ h __ __ __ __ (*photos*)

Devinettes: Mes articles de toilette Identifiez le mot qui correspond à chaque définition et écrivez la lettre correspondante sur la ligne appropriée. *Identify the word that corresponds to each definition and write the corresponding letter on the appropriate line.*

1. _____ ma brosse à dents   a. *my moisturizing cream*

2. _____ mon démaquillant   b. *my comb*

3. _____ ma crème solaire   c. *my dental floss*

4. _____ ma crème hydratante   d. *my shaving cream*

5. _____ mon savon   e. *my nail polish*

6. _____ mon fard à paupières   f. *my toothbrush*

7. _____ ma crème à raser   g. *my sunscreen lotion*

8. _____ mon peigne   h. *my soap*

9. _____ mon fil dentaire   i. *my makeup remover*

10. _____ mon vernis à ongles   j. *my eye shadow*

Mots croisés: Pot pourri II Servez-vous des traductions des mots anglais pour compléter ce puzzle. *Use the translations of the English words to solve this puzzle.*

Horizontalement (*Across*)

4. *seats*

7. *pendant*

10. *driver's license* (three words)

11. *earring* (two words): _____ d'_____

14. *bill*

15. *ring* (f)

16. *rings* (m)

18. *sports car* (three words)

19. *cash* (m, two words)

20. *key*

Verticalement (*Down*)

1. *convertible*

2. *seat belt* (three words)

3. *necklace*

5. *brooch*

6. *wedding ring*

8. *tourist guide* (two words)

9. *stud*

12. *rearview mirrors*

13. *diploma*

17. *motor*

Manger

Eating

·6·

VOCABULAIRE

Vocabulaire utile

Les fruits

ananas (m)	*pineapple*
banane (f)	*banana*
cerise (f)	*cherry*
figue (f)	*fig*
fraise (f)	*strawberry*
framboise (f)	*raspberry*
mandarine (f)	*mandarin*
mûre (f)	*blackberry*
pamplemousse (m)	*grapefruit*
pastèque (f)	*watermelon*
pêche (f)	*peach*
poire (f)	*pear*
pomme (f)	*apple*
prune (f)	*plum*
raisin (m)	*grape*

Les légumes

artichaut (m)	*artichoke*
asperge (f)	*asparagus*
betterave (f)	*beet*
brocoli (m)	*broccoli*
céleri (m)	*celery*
champignon (m)	*mushroom*
chou vert (m)	*green cabbage*
citrouille (f)	*pumpkin*
concombre (m)	*cucumber*
haricot vert (m)	*green bean*
laitue (f)	*lettuce*
maïs (m)	*corn*
oignon (m)	*onion*
petit pois (m)	*pea*
poivron (m)	*pepper*
pomme de terre (f)	*potato*
tomate (f)	*tomato*

Le poisson et les fruits de mer

crabe (m)	*crab*
écrevisse (f)	*crawfish*
hareng (m)	*herring*
homard (m)	*lobster*
huître (f)	*oyster*
langoustine (f)	*prawn*
moule (f)	*mussel*
sardine (f)	*sardine*
saumon (m)	*salmon*
sole (f)	*sole*
thon (m)	*tuna*
truite (f)	*trout*

La viande

agneau (m)	*lamb*
bifteck (m)	*steak*
bœuf (m)	*beef*
dinde (f)	*turkey*
jambon (m)	*ham*
lapin (m)	*rabbit*
porc (m)	*porc*
poulet (m)	*chicken*
rosbif (m)	*roast beef*
saucisson (m)	*sausage*
veau (m)	*veal*

Repas et aliments

beurre (m)	*butter*
bonbon (m)	*candy*
casse-croûte (m)	*snack/sandwich*
déjeuner (m)	*lunch*

Ustensiles et mesures

assiette (f)	*plate*
botte (f)	*bunch*
couteau (m)	*knife*

Repas et aliments (cont.)

dîner (m)	*dinner*
entrée (f)	*first course*
farine (f)	*flour*
goûter (m)	*snack*
hors d'œuvre (m)	*appetizer*
moutarde (m)	*mustard*
pain (m)	*bread*
pain au chocolat (m)	*chocolate croissant*
pâtes (fpl)	*pasta*
petit-déjeuner (m)	*breakfast*
pique-nique (m)	*picnic*
pois chiche (m)	*chickpea*
réveillon (m)	*Christmas/New Year's Eve meal*
riz (m)	*rice*
souper (m)	*supper*
sucre (m)	*sugar*
tartine (f) au beurre	*buttered bread*

Ustensiles et mesures (cont.)

cuillère (f)	*spoon*
cuillerée (f)	*spoonful*
douzaine (f)	*dozen*
fourchette (f)	*fork*
litre (m)	*liter*
pincée (f)	*pinch*
plat (m)	*dish*
plateau (m)	*tray*
tasse (f)	*cup*
tranche (f)	*slice*
verre (m)	*glass*

Mots croisés: Les fruits Servez-vous des traductions des mots anglais pour remplir la grille. *Use the translations of the English words to solve this puzzle.*

Horizontalement (*Across*)

1. *melon*

4. *pear*

6. *fig*

8. *strawberry*

9. *apple*

11. *pineapple*

12. *grapefruit*

14. *cherry*

Verticalement (*Down*)

1. *blackberry*

2. *banana*

3. *kiwi*

4. *plum*

5. *grape*

7. *orange*

8. *raspberry*

9. *watermelon*

10. *mandarin orange*

13. *peach*

Jeu des lettres et des images: Les légumes Complétez chaque mot avec les lettres nécessaires pour obtenir la définition de l'image. *Complete each word with the necessary letters to obtain the definition of each picture.*

1. __ a __ __ u __

2. c __ __ __ __ u i __ __ e

3. __ i __ n __ __

4. __ __ t __ ch __ __ t

5. __ __ l __ __ i

6. c __ n __ __ m __ __ e

7. __ __ t __ t s p __ __ __

8. m __ __ s

9. __ o __ __ __ de __ __ r r __

10. c __ __ __ __ i __ __ o __

Le mot mystère: Les poissons et les fruits de mer Traduisez chaque mot de l'anglais en français pour découvrir le mot mystère qui correspond à un fruit de mer. *Translate each word from English to French and discover the mystery word.*

1. sole __ __ ▨ __

2. crab __ __ ▨ __ __

3. tuna __ __ __ ▨

4. herring __ __ __ __ ▨

5. lobster __ ▨ __ __ __ __

6. oyster __ ▨ __ __ __ __

7. sardine ▨ __ __ __ __ __ __

8. trout ▨ __ __ __ __ __

9. crawfish __ __ __ __ ▨ __ __

10. salmon __ __ __ __ ▨

11. mussel __ __ __ __ ▨

Le mot mystère: _____

Choix multiples: Le pain et les pâtisseries Choisissez la meilleure réponse. *Choose the best response.*

1. Vous êtes à la maison. Vous êtes pressé(e) de manger avant de partir au travail.
   a. Vous sortez du pain surgelé.
   b. Vous mangez la baguette d'il y a deux jours.
   c. Vous allez à la boulangerie et vous revenez chez vous.
   d. Vous réchauffez le pain au chocolat d'hier matin.

2. Vous êtes au travail. Généralement vous avez deux heures pour le déjeuner.
   a. Vous mangez vite le sandwich de votre ami.
   b. Vous allez à la boulangerie pour acheter un baba au rhum.
   c. Vous achetez un sandwich au jambon et au gruyère à l'épicerie du coin.
   d. Vous allez au café et vous commandez une tartine au beurre.

3. Vous venez de finir l'entrée que vous avez commandée au restaurant. Que commandez-vous avec votre café?
   a. un éclair au chocolat
   b. un petit pain
   c. une tranche de pain
   d. une baguette

4. Vous dînez à la maison avec des amis. Que prenez-vous après le plat principal?
   a. une brioche avec du Nutella
   b. une tranche de pain grillé
   c. un croque-monsieur
   d. des petits gâteaux salés et du fromage

5. Vous voulez faire un dessert qu'on peut accommoder avec du sucre, du chocolat, et des fruits. Lequel des desserts suivants ne faites-vous pas?
   a. de la glace
   b. des crêpes
   c. des petits fours
   d. une galette des rois

Mots cachés: Les boissons Trouvez les traductions françaises des mots suivants qui sont cachés dans la grille, horizontalement, verticalement ou en diagonal. *Find the French translations of the following words that are hidden in the puzzle horizontally, vertically, or diagonally.*

```
G O C W U N X P U L L S I A J U K
F V D L I M O N A D E E P B K E N
I S B H V P E Y V P A G B P U P X
X D L V A Q I N M G É F L E F T N
X B I J Q D P X T I J R K O C R Y
Z M Q Q K J S S G H U R I O S M G
F V C J Z G O N Y T E X W T E E O
O I G T A C D Z Z C Q E E O I G E
F N B B J F A P T J B C U D F F S
V Y C I T R O N P R E S S É Y Q J
S H F È G N B Z V H H C Z U C T V
G B C R T I M V D N S X O Y I I N
N J Z E C J U S V H E V A M B S C
U D E Y U F L C Q Y N T X F E A U
T W K G R A A A B Q V A Q I N N I
I H R D R T I F Y D S B W U U E Q
T E É Z F U T É W C K A E S W P P
```

water	juice	mint	fresh
milk	coffee	soda	lemonade (two words)
beer	tea	lemon soda	
wine	herbal tea		aperitif

Le jeu des lettres: Les repas Regardez la définition du mot et ajouter les lettres nécessaires pour épeler le mot français qui la représente. *Look at the definition of the word and add the necessary letters to spell the French word that represents it.*

1. __ __ __ t __ __: un peu à manger entre les repas

2. __ o __ __ e __: un dîner très tard le soir, après le théâtre par exemple

3. __ __ n __ r: le manger du soir

4. __ é __ e __ __ __ __: le manger de midi

5. p __ __ i __ - d __ __ __ __ n __ __: le manger du matin

6. __ é __ e __ l l __ __: le repas de la Veille de Noël

7. c __ __ __ e - c __ __ __ __ e: un petit sandwich qu'on mange quand on est pressé

8. __ é __ __ i __ __ o __: le repas du Nouvel An

En images: Le couvert Écrivez le mot qui correspond à chacune des images sur la ligne appropriée. *Write the word that corresponds to each picture on the appropriate line.*

1. _____

2. _____

3. _____

4. _____

5. _____

6. _____

7. _____

8. _____

Jeu des intrus: Les aliments Identifiez le mot qui ne correspond pas à la catégorie présentée au début de chaque ligne. *Identify the word that does not correspond to the category presented at the beginning of each line.*

1. **sandwich**: pain, salade, bonbon, dinde

2. **salade**: laitue, endive, sole, épinard

3. **déjeuner**: céréales, entrée, hors d'œuvre, pain

4. **dessert**: mousse au chocolat, tarte, crème caramel, sauce tomate

5. **boisson**: lait au chocolat, limonade, glace, menthe à l'eau

6. **soupe**: pommes, tomates, haricots, pois, persil

7. **légumes**: pamplemousse, épinard, asperge, céleri

8. **fruits**: orange, ananas, brioche, pastèque

9. **condiments**: sel, poivre, moutarde, poisson

10. **aliments végétariens**: veau, pois chiches, riz, pâtes

Faire des paires logiques: Les quantités et les mesures Écrivez la lettre qui correspond à la mesure la plus logique pour chaque aliment ou boisson de la liste sur la ligne appropriée. *Write the letter that corresponds to the most logical measurement for each food or beverage on the appropriate line.*

1. _____ dix tranches

2. _____ une douzaine

3. _____ un litre

4. _____ une part

5. _____ une cuillerée

6. _____ une pincée

7. _____ une tasse

8. _____ une botte

a. de sel

b. d'asperges

c. de gâteau

d. de bouillon

e. de lait

f. de jambon

g. de beurre

h. d'œufs

Mots croisés: Pot-pourri Servez-vous des traductions des mots anglais pour remplir la grille. *Use the translations of the English words to solve this puzzle.*

Horizontalement (*Across*)

2. *dessert*

4. *rabbit*

8. *cheese*

9. *butter*

10. *flour*

11. *lamb*

12. *pork cutlet* (three words)

14. *red wine* (two words)

16. *snail*

17. *chocolate croissant* (three words)

19. *roasted chicken*

20. *sausage*

Verticalement (*Down*)

1. *roasted turkey*

3. *green salad* (two words)

5. *sugar*

6. *green bean* (two words)

7. *veal*

9. *red beet* (two words)

11. *asparagus*

13. *ham*

15. *pepper*

18. *cabbage*

Les achats

Shopping

VOCABULAIRE

Vocabulaire utile

Vêtements et chaussures

anorak (m)	*winter jacket*
ballerine (f)	*ballet pump*
bas (m)	*stocking*
blouse (f)	*blouse*
blouson (m)	*jacket*
botte de ski (f)	*ski boot*
caleçon (m)	*boxer shorts*
casque (m)	*helmet*
chausson (m)	*slipper*
chaussure (f)	*shoe*
chemisier (m)	*lady's shirt*
collant (m)	*tights*
costume (m)	*man's suit*
culotte (f)	*panties*
débardeur (m)	*tank top*
écharpe (f)/	*scarf*
foulard (m)	
gant (m)	*glove*
jupe (f)/	*skirt/miniskirt*
mini-jupe (f)	
maillot (m)	*jersey*
maillot de bain (m)	*bathing suit*
peignoir (m)	*bathrobe*
robe (f)	*dress*
salopette (f)	*overalls*
sandale (f)/	*sandal/light sandal*
sandalette (f)	
short (m)	*shorts*
slip (m)	*briefs*
smoking (m)	*tuxedo*
survêtement (m)	*tracksuit*
tailleur (m)	*lady's suit*
talon aiguille (m)	*high heel*
tong (f)	*flip-flop*
top (m)	*top*

Acheter et vendre

abonnement (m)	*subscription*
annuler	*to cancel*
article (m)	*item*
cabine d'essayage (f)	*fitting room*
caisse (f)	*cash register*
commande (f)	*order*
compte (m)	*account*
courriel (m)	*e-mail*
délai de livraison (m)	*delivery schedule*
détaxe (f)	*tax*
échantillon (m)	*sample*
envoi gratuit (m)	*free shipping*
espèces (fpl)	*cash*
frais de retour (mpl)	*return fee*
garantie (f)	*warranty*
marque (f)	*brand*
panier (m)	*basket*
par prix	*by price*
rayon (m)	*department*
reçu (m)	*receipt*
remboursement (m)	*reimbursement*
solde (f)	*sale*
supplémentaire	*extra*
toilette (f)	*outfit*
usager/usagère (m/f)	*user*
valider	*to confirm*

Description des vêtements

à carreaux	*checked*
à fleurs	*with flowers*
à rayures	*striped*
col (m)	*neckline*
coton (m)	*cotton*
couleur (f)	*color*
cuir (m)	*leather*
décolleté	*low-cut*
en V	*V shaped*
laine (f)	*wool*
plissé(e)	*pleated*
pointure (f)	*shoe size*
rond	*round*
sans manches	*sleeveless*
soie (f)	*silk*
taille (f)	*size (clothes)*

Le personnel

bouquiniste (m/f)	*bookseller*
caissier/caissière (m/f)	*cashier*
client (m)	*client*
colporteur (m)	*peddler*
manager (m)	*manager*
touriste (m/f)	*tourist*
vendeur/vendeuse (m/f)	*seller/vendor/clerk*

Magasins

bijouterie (f)	*jewelry shop*
(chez le) bouquiniste	*used book stall*
boutique (f)	*boutique*
galerie (f) d'art	*art gallery*
grand magasin (m)	*department store*
librairie (f)	*bookstore*
magasin (m) d'antiquités	*antiques shop*
magasin de chaussures	*shoe store*
magasin d'électronique	*electronic store*
magasin de fleurs	*flower shop*
marché (m) aux puces	*flea market*
maroquinerie (f)	*leather goods shop*
papeterie (f)	*stationery shop*
parfumerie (f)	*perfume shop*

Mots cachés: Les vêtements pour femmes Trouvez les traductions françaises des mots suivants qui sont cachés dans la grille, horizontalement, verticalement ou en diagonal. *Find the French translations of the following words that are hidden in the puzzle horizontally, vertically, or diagonally.*

```
B  F  D  V  I  Z  Y  U  J  E  O  Y  I  T  J  H  V
A  Y  O  R  D  U  M  M  Q  W  E  M  V  B  U  K  J
S  B  W  U  U  L  P  S  E  T  P  A  M  Z  P  K  B
S  S  D  I  L  F  A  R  R  T  T  X  D  U  E  Y  V
D  Y  A  N  S  A  Y  O  C  O  L  L  A  N  T  L  I
É  R  V  R  F  X  R  W  S  D  X  O  M  V  Z  B  M
B  A  W  J  A  D  L  D  K  U  J  T  Q  A  Y  E  V
A  C  T  W  G  H  J  C  N  M  H  H  W  C  T  U  V
R  U  S  E  Z  Y  B  E  L  A  N  X  U  K  U  W  F
D  L  F  H  U  J  L  Q  L  T  A  I  L  L  E  U  R
E  O  I  X  N  V  O  D  S  L  B  E  G  P  R  N  W
U  T  Z  Y  T  C  U  Y  H  N  A  O  L  R  W  L  H
R  T  G  I  N  U  S  P  O  R  X  B  U  F  R  E  P
D  E  F  T  C  D  E  M  R  N  O  G  A  K  U  J  N
N  V  I  O  R  G  B  L  T  M  B  B  P  R  L  W  S
F  I  O  P  É  C  H  A  R  P  E  K  E  S  J  J  U
C  H  E  M  I  S  I  E  R  U  L  G  V  R  H  P  C
```

dress	dress scarf	lady's shirt	lady's suit
skirt	scarf	top	tights
stocking	djellaba	shorts	
panties	blouse	tank top	

Une salade de lettres: Les vêtements pour hommes Remettez les lettres dans l'ordre pour épeler le mot français. *Unscramble the letters to spell the French word.*

1. a / c / e / l / n / o / ç (*boxer short*) _____

2. i / l / s / p (*briefs*) _____

3. h / c / e / s / e / i / m (*man's dress shirt*) _____

4. t / a / l / n / o / p / a / n (*pants*) _____

5. s / c / e / o / u / t / m (*man's suit*) _____

6. s / e / t / e / v (*man's suit jacket*) _____

7. a / v / r / a / c / e / t (*tie*) _____

8. o / o / l / p (*polo shirt*) _____

9. u / s / b / n / o / o / s / l (*leather jacket*) _____

10. r / i / c / t / u / n / e / e (*belt*) _____

EXERCICE

7·3

Le mot mystère: Les vêtements unisexes Traduisez chaque mot de l'anglais en français pour découvrir le mot mystère. *Translate each word from English to French and discover the mystery word.*

1. (*baseball hat*) c __ ▒ q __ e __ __ e

2. (*winter jacket*) ▒ __ o __ a __

3. (*pullover*) __ u ▒ l - __ __ e __

4. (*bathrobe*) p __ __ g __ ▒ i __

5. (*hat*) c __ __ ▒ e a __

6. (*long coat*) __ a __ __ ▒ a __

7. (*T-shirt*) ▒ e __ - s __ __ r __

8. (*shorts*) s __ __ r ▒

9. (*jean*) __ ▒ a __

Le mot mystère: _____

Mots cachés: Chaussures Trouvez les traductions françaises des mots suivants qui sont cachés dans la grille, horizontalement, verticalement ou en diagonal. *Find the French translations of the following words that are hidden in the puzzle horizontally, vertically, or diagonally.*

```
A L L O W W K Q I B Y S Z A J
J I Z R P Q B O P M D O P X A
Y G C F W P B A Y D X L M K D
A L S S A N D A L E T T E U M
C C D D T O N G S L A C C N X
H H H B E E N D E K E C W I Z
M K E S T N B R K A E R F U E
E E B D U J U O P Z N T I K X
S T C M G S P A T F E L W N V
Z V S A S L P U P T U E X A E
C B C U F H K N J D E I P Z O
O T A L O N A I G U I L L E R
B H A F D P M D K H W C H J N
C H A U S S O N D T N B A Y F
B M O C A S S I N Q K M Z T A
```

sneakers	shoe	ballet pump
boot	moccasin	high heel (two words)
slipper	flip-flop	light sandal

Choix multiples: Des vêtements pour toutes occasions Choisissez la meilleure réponse. *Choose the best response (not the funniest).*

1. Marc se prépare à aller au bureau. Il met...
   a. ses chaussons.
   b. son smoking.
   c. son short.
   d. son pantalon et son polo.

2. Monsieur Dupont va à une réunion d'hommes d'affaires. Il met...
   a. un costume et une cravate.
   b. un slip et une chemisette.
   c. des baskets et des chaussettes jaunes.
   d. un jean et débardeur.

3. Michel qui habite à Key West va à la plage avec ses copains. Il met...
   a. son anorak.
   b. une écharpe en laine.
   c. ses chaussettes en soie.
   d. un maillot de bain et un tee-shirt.

4. Jeannette dîne dans un restaurant chic avec des amis. Elle porte...
   a. un vieux jean.
   b. une robe de soirée.
   c. un survêtement.
   d. ses chaussures de foot.

5. Sophie et Tanya vont dans les Alpes en hiver. Quand elles font du ski, elles portent...
   a. des ballerines.
   b. des mini-jupes.
   c. des chaussures à talon aiguille.
   d. des bottes.

6. Il fait très froid. Pour faire du jogging dans le parc, je porte alors...
   a. mon nouveau jean.
   b. mon manteau en laine.
   c. mon survêtement.
   d. mon short et un débardeur.

Petite histoire: Faire des achats au grand magasin Remplissez chaque trou
avec le mot français approprié dans le paragraphe suivant. *Fill in each blank with the
appropriate French word in the following paragraph.*

C'est samedi et Chloé va faire des achats au grand magasin. Elle va d'abord au

_____ (*department*) de la parfumerie où elle achète son

_____ (*perfume*) favori. Puis elle décide de chercher une

nouvelle _____ (*outfit*) pour sortir le soir. Bientôt, elle trouve une

robe de _____ (*evening*). Elle demande à une vendeuse où se

trouvent les _____ (*fitting rooms*). Sa robe est un peu trop

_____ (*big*) et elle demande une taille plus _____

(*small*). Celle-ci lui va parfaitement; donc elle va à la _____ (*cash register/

checkout*) et elle donne sa _____ (*credit card*) à la caissière. Elle découvre

que sa robe est en _____ (*sale*). Quelle chance!

Faire des paires logiques: Les achats en boutique Trouvez les répliques de
Jean dans la colonne de droite pour chaque phrase du vendeur que vous trouverez
dans la colonne de gauche. *Find Jean's replies in the right-hand column for each of the
salesman's statements in the left-hand column.*

1. _____ Vous désirez, monsieur?

2. _____ Voilà le rayon des pulls, monsieur.

3. _____ Quelle taille faites-vous?

4. _____ Et quelle couleur préférez-vous?

5. _____ Et pour le col? Vous aimez les cols ronds?

6. _____ Eh bien, voilà un pull marron au col en V.

7. _____ Prenez votre temps, monsieur.

8. _____ Je vous attends donc à la caisse.

a. Je préfère le marron.

b. Je reviens tout de suite. Je suis pressé.

c. Il est très beau. Je vais l'essayer.

d. Je cherche un pull-over en laine.

e. D'accord. A tout de suite!

f. Il me faut une grande taille.

g. J'aime plutôt les cols en V.

h. Je vois que vous avez une grande variété de pulls. Quel choix!

Devinez! Les formules d'achat en ligne Essayez de deviner ce que chaque locution veut dire et traduisez-la en anglais! *Try to guess what each phrase means and translate it into English!*

1. adresse courriel _____

2. délai de livraison _____

3. envoi gratuit _____

4. compte _____

5. abonnement annuel _____

6. panier _____

7. mot de passe _____

8. valider la commande _____

9. remboursement _____

10. par prix _____

11. offre spéciale _____

12. frais de retour _____

13. nom de l'usager _____

14. numéro de référence _____

15. paiement sécurisé _____

Mots croisés: Les transactions Servez-vous des définitions suivantes pour remplir la grille. *Use the following definitions to solve this puzzle.*

Horizontalement (*Across*)

1. *C'est l'institution où vous gardez votre argent.*

4. *C'est le synonyme pour* argent liquide.

8. *C'est l'action de compenser quelqu'un pour un produit ou un service.*

9. *C'est l'action de donner quelque chose pour un certain prix.*

10. *C'est le papier qui prouve qu'on a payé.*

15. *C'est un exemple ou un modèle.*

16. *C'est le langage Internet pour confirmer quelque chose.*

17. *C'est l'action de faire parvenir quelque chose à quelqu'un, par exemple par la poste.*

18. *C'est l'action de recevoir quelque chose pour un certain prix.*

19. *C'est une assurance sur l'achat.*

Verticalement (*Down*)

2. *C'est l'action de rendre nul.*

3. *C'est l'action de mettre un vêtement pour voir s'il va bien/c'est aussi un synonyme pour* tenter.

5. *Il remplace l'argent liquide et vous devez le signer.*

6. *C'est quelque chose en plus.*

7. *C'est le nom de l'usine ou du fabricant.*

11. *C'est une demande d'achat.*

12. *C'est celui qui expédie quelque chose.*

13. *C'est un pourcentage de la valeur d'une chose qu'on paie au gouvernement.*

14. *C'est un objet ou une marchandise.*

Jeu des lettres: Les magasins spécialisés Regardez la définition du mot et ajouter les lettres nécessaires pour épeler le mot français qui la représente. *Look at the definition of the word and add the necessary letters to spell the French word that represents it.*

1. l __ b __ __ __ r __ __: un magasin où on achète des livres neufs

2. __ a __ __ u __ __ r __ e: un magasin où on vend les parfums

3. b __ __ t __ q __ __ __: un petit magasin particulier

4. m __ r __ q __ __ n e __ i __: un magasin où on achète des articles en cuir

5. __ __ l __ r __ e d' __ r __: un magasin où on achète des pièces d'art

6. __ i __ o __ t __ __ __ e: un magasin où on achète des bijoux

7. p __ __ e __ e __ __ e: un magasin où on achète des cartes et des invitations

8. m __ r __ __ __ é aux __ __ c __ s: un endroit en plein air où on vend des articles vieux et antiques

9. b __ __ q __ i __ __ s __ __: un endroit où on achète de vieux livres et de vieilles cartes

10. __ a g __ s __ n de __ __ a u __ __ u r __ s: un endroit où on vend des bottes, des sandales etc.

Faire des paires logiques: Les achats Écrivez la lettre de la choix qui complète le plus logiquement chaque phrase. *Write the letter of the choice that best completes each sentence.*

1. _____ La vendeuse

2. _____ Le touriste

3. _____ L'acheteur actuel

4. _____ La maroquinerie Vuitton

5. _____ Cette boutique Dior

6. _____ Les colporteurs

7. _____ Les managers

8. _____ Placer des commandes en ligne

a. ouvre un compte en ligne.

b. a des parfums et des vêtements de marque.

c. sont nombreux près de la Tour Eiffel.

d. offre différents articles au client.

e. cherche des souvenirs uniques.

f. a des articles de luxe.

g. est généralement facile et rapide.

h. doivent surveiller et assister le personnel.

Mots croisés: Pot-pourri Servez-vous des traductions des mots anglais pour remplir la grille. *Use the translations of the English words to solve this puzzle.*

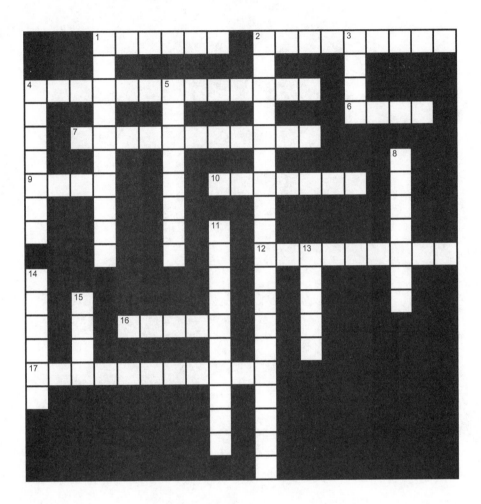

Horizontalement (*Across*)

1. *client*

2. *female cashier*

4. *bathing suit* (three words)

6. *silk*

7. *bookseller*

9. *glove*

10. *color*

12. *low-cut*

16. *wool*

17. *tracksuit*

Verticalement (*Down*)

1. *hawker/peddler*

2. *soccer cleats* (three words)

3. *without*

4. *manager*

5. *female tourist*

8. *male clerk*

11. *ski boot* (three words)

13. *cotton*

14. *pleated*

15. *leather*

Loisirs et tourisme

Leisure and tourism

VOCABULAIRE

Vocabulaire utile

Les trésors de la grande ville

bibliothèque (f)	*library*
cathédrale (f)	*cathedral*
centre commercial (m)	*mall*
couvent (f)	*convent*
église (f)	*church*
grand magasin (m)	*department store*
hôtel de ville (m)	*city hall*
lieu (m) de naissance	*birthplace*
marché (m)	*market*
monument	*monument*
musée (m)	*museum*
palais (m)	*palace*
parc (m)	*park*
place (f)	*square/plaza*
quartier (m)	*neighborhood*

Les trésors de la campagne

abbaye (f)	*abbey*
admirer	*to admire*
animaux (mpl)	*animals*
bois (m)	*wood*
champ (m)	*field*
château (m)	*castle*
chemin (m)	*path*
commune (f)	*town*
environnement (m)	*environment*
ferme (f)	*farm*
forêt (f)	*forest*
forteresse (f)	*fortress*
lac (m)	*lake*
piste (f)	*trail*
rempart (m)	*rampart*
rivière (f)	*river*
terrain (m)	*ground/field*
vigne (f)	*vineyard*

En ville

aller au concert	*to go to the concert*
aller au festival	*to go to the festival*
aller au musée	*to go to the museum*
aller au restaurant	*to go to the restaurant*
faire du lèche-vitrine	*to go window-shopping*
faire les magasins	*to go to the stores*
voir une exposition	*to see an exhibit*

À la campagne

découvrir	*to discover*
déguster	*to taste*
explorer	*to explore*
faire de la pêche	*to go fishing*
faire du camping	*to go camping*
faire du cheval	*to go horseback riding*
faire du vélo	*to go biking*
faire un pique-nique	*to go for a picnic*

À la montagne

faire de l'escalade	*to go scaling/climbing*
faire de la luge	*to go sledding*
faire des randonnées (f)	*to go for hikes*
faire du parapente	*to go parasailing*
faire du ski	*to go skiing*
faire du snowboard	*to go snowboarding*
faire du VTT	*to go mountain-biking*
faire une ballade	*to go for a walk*
monastère (m)	*monastery*
paysage (m)	*scenery*
pente (f)	*slope*
sommet (m)	*peak*
vallée (f)	*valley*
vue (f)	*view*

Les trésors de la plage

côte (f)	*coast*
falaise (f)	*cliff*
galet (m)	*pebble*
parasol (m)	*umbrella*
sable (m)	*sand*
soleil (m)	*sun*
vague (f)	*wave*
yacht (m)	*yacht*

Les restaurants et les cafés

à la carte	*item by item*
assis(e)	*seated*
bière (f)	*beer*
boisson (f)	*beverage*
café au lait (m)	*coffee & milk*
café crème	*coffee & frothy milk*
choisir un menu	*to choose a meal*
commander	*to order*
déca (m)	*decaf*
demander la carte	*to ask for the menu*
eau minérale (f)	*mineral water*
entrée (f)	*first course*
express (m)	*espresso*
fenêtre (f)	*window*
hors d'œuvre (m)	*appetizer*
laisser un pourboire	*to leave a tip*
payer l'addition (f)	*to pay the bill*
plat principal (m)	*main dish*
prendre	*to have (food/drink)*
prix fixe (m)	*preset price*
service compris (m)	*service included*
toilettes (fpl)	*restrooms*
vin (m)	*wine*

Théâtre, concert et cinéma

acteur/actrice (m/f)	*actor/actress*
animé(e)	*animated*
aventure (f)	*adventure*
balcon (m)	*balcony*
billet (m)	*ticket*
chanteur/chanteuse (m/f)	*singer*
chef d'orchestre (m)	*orchestra leader*
classique	*classical*
comédie (f)	*comedy*
documentaire (m)	*documentary*
entracte (f)	*intermission*
espionnage (m)	*spy*
flûtiste (m/f)	*flutist*
guichet (m)	*ticket booth*
horreur (m)	*horror*

À la plage

bord (m) de mer	*seaside*
bronzer	*to tan*
faire de la planche à voile	*to windsurf*
faire de la plongée	*to go diving*
faire de la voile	*to go sailing*
faire du ski nautique	*to go waterskiing*
nager	*to swim*
plonger	*to dive*

Les musées

artiste (m/f)	*artist*
audio-guide (m)	*audio guide*
catalogue (m)	*catalog*
chef d'œuvre (m)	*masterpiece*
collection (f)	*collection*
entrée (f)	*entrance*
exposition (f)	*exhibit*
gratuit	*free*
interdit	*forbidden*
jour férié (m)	*public holiday*
ouverture (f)	*opening*
peintre (m/f)	*painter*
prix (m) d'entrée	*entrance fee*
salle (f)	*hall*
sculpteur/sculptrice (m/f)	*sculptor*
sculpture (f)	*sculpture*
tableau (m)	*painting*
visite guidée (f)	*guided visit*
vitrine (f)	*display case*

Le camping

anti-moustique	*insect repellent*
crème solaire (f)	*sunscreen*
feu (m) de camp	*campfire*
gourde (f)	*water bottle*
lampe (f) de poche	*flashlight*
lunettes (fpl) de soleil	*sunglasses*
moustique (m)	*mosquito*
pansement (m)	*Band-Aid*
sac (m) de couchage	*sleeping bag*
tente (f)	*tent*
trousse (f) de premier soin	*first-aid kit*

Projets de tourisme

auberge (f) de jeunesse	*youth hostel*
avenue (f)	*avenue*
boulevard (m)	*boulevard*
carte (f)	*map*
faire du camping	*to go camping*
faire du sport	*to do sports*
faire une croisière	*to go on a cruise*
loger	*to room/stay*

Théâtre, concert et cinéma (cont.)

jouer de la flûte	*to play the flute*
jouer du piano	*to play the piano*
jouer du violon	*to play the violin*
musicien(ne) (m/f)	*musician*
orchestre (m)	*orchestra*
pianiste (m/f)	*pianist*
pièce (f)	*play*
place (f)	*seat*
policier (m)	*police (movie)*
salle (f) de concert	*concert hall*
scène (f)	*scene/stage*
séance (f)	*showing*
spectacle (m)	*show*
symphonie (f)	*symphony*
tragédie (f)	*tragedy*
vedette (f)	*movie star*
violoniste (m/f)	*violinist*

Projets de tourisme (cont.)

office (m) du tourisme	*tourist office*
organiser	*to organize*
pension complète	*full room and board*
plan (m) de la ville	*city map*
planifier	*to plan*
prendre des vacances (fpl)	*to take a vacation*
réserver	*to reserve*
se reposer	*to rest*
séjour (m)	*stay*
vacances (f)	*vacation*
visiter	*to visit*

Mots cachés: Les trésors de la grande ville Trouvez les traductions françaises des mots suivants qui sont cachés dans la grille, horizontalement, verticalement ou en diagonal. *Find the French translations of the following words that are hidden in the puzzle horizontally, vertically, or diagonally.*

```
S D B T N U X B W L J N N O S H K I H
A Z W S Z C L V D M F I C T Q L Y D Ô
L H O G D Y A S E Q S B T A A Z B U T
L T F M F G G M I A U Q O I G E T X E
E D E L T Y X N G Y D G C J W X R U L
D Y A A Z Z E A F Y N R W B C P U H D
E Y O L S N M V S K E E O M C O M B E
C H C S Q D B X C M R H F U H S O P V
O V Y A N K D D M X F N R S W I S N I
N Q V A T N Q O U W G X F É U T P V L
C D R P J H C E A S V I Q E O I G C L
E G L R D E É C L B R O N Q H O A Z E
R O W Y R F P D Y L T V U S S N D L Q
T R B T G Q P T R F H J I I O G T R P
M O N U M E N T C A D L A R R P S P C
R E S T A U R A N T L L U N I S È K A
C J P Q N C S R R H A E M C O Z C R Y
J O C B L K E N B P A V E N U E I K A
Q U A R T I E R K S B O U L E V A R D
```

exhibit
cathedral
museum
mall (two words)
restaurant

department store (two words)
city hall (three words)
palace
neighborhood

boulevard
avenue
monument
opera house
concert hall (three words)

78 PRACTICE MAKES PERFECT French Vocabulary Games

Petite histoire: Les trésors de la campagne Remplissez chaque trou avec le mot français approprié. *Fill in each blank with the appropriate French word.*

Un beau jour d'été, Fifi, une mignonne petite chienne décide de se promener et

de _____ (*discover*) la nature derrière sa maison. Elle va d'abord dans

les _____ (*fields*) où elle rencontre un petit lapin qui s'appelle Lulu.

Lulu connaît bien le _____ (*ground*). Fifi et Lulu font une

belle _____ (*stroll*) à travers les _____ (*woods*). Ils

arrivent à une _____ (*river*). Fifi traverse à la nage avec Lulu sur son dos.

Alors, de l'autre côté, ils voient une _____ (*fortress*) derrière un

énorme _____ (*rampart*). Lulu creuse un trou dessous et les

deux _____ (*animals*) sont alors dans un petit _____

(*village*) fortifié. Ils prennent le _____ (*path*) de l'abbaye.

Au _____ (*peak*) de la colline, ils ont une superbe _____

(*view*) de la campagne. Mais Fifi voit aussi qu'ils sont très loin de sa maison. À ce moment, un

géant sort de l'abbaye. Effrayés, les deux amis descendent la _____

(*slope*) et courent à travers un grand champ de _____ (*grapevines*) et

une petite _____ (*forest*). Heureusement Fifi est de retour chez elle avant

la nuit et Lulu lui dit «Bonne nuit» avant de rentrer dans son terrier.

EXERCICE

8·3

Devinette: Où est-ce? Devinez quel endroit correspond à chaque définition. *Guess which place corresponds to each definition.*

1. _____ On y va pour acheter des vêtements.
2. _____ On y trouve des grappes de raisin en automne.
3. _____ On y trouve du bois pour un feu de camp.
4. _____ On y cultive des légumes.
5. _____ On y va pour faire du ski.
6. _____ On y va pour bronzer et nager.

a. la forêt
b. la montagne
c. le grand magasin
d. la plage
e. la salle de concert
f. le musée

7. _____ On y va pour voir des films.

8. _____ On y écoute les chanteurs et les musiciens.

9. _____ On y voit des expositions de tableaux et de sculptures.

10. _____ On y prend un bon repas.

g. le restaurant

h. le cinéma

i. la vigne

j. le champ

EXERCICE 8·4

Choix multiples: Comment profiter de la ville et de la campagne Choisissez la meilleure réponse. *Choose the best response.*

1. Vous habitez en ville. Tous les jours, vous pouvez...
   a. aller à la pêche.
   b. vous asseoir à la terrasse d'un café.
   c. faire de l'escalade.

2. Vous avez un appartement au centre-ville. Près de chez vous, il y a probablement...
   a. des champs.
   b. un grand magasin.
   c. un couvent.

3. Votre maison est dans une petite commune où il y a...
   a. un lac et une vallée.
   b. des plages de sable.
   c. une église et un petit hôtel.

4. Qu'est-ce qu'on peut souvent faire en ville?
   a. apprécier le silence de la nature
   b. sortir et voir des spectacles
   c. avoir des animaux de ferme

5. Qu'est-ce qu'on ne peut peut-être pas faire à la campagne?
   a. de longues randonnées
   b. du lèche-vitrine
   c. du VTT

6. Qu'est-ce qu'on ne peut peut-être pas faire en ville?
   a. du cheval
   b. aller au concert
   c. aller à l'église

Mots croisés: Les musées Traduisez les mots anglais en français pour remplir la grille. Vous devinerez les mots apparentés. *Translate the English words into French to complete the puzzle. You will guess the cognates.*

Horizontalement (*Across*)

3. *catalog*

6. *forbidden*

7. *sculptor* (m)

8. *painting*

11. *guide*

13. *hall*

14. *free*

Verticalement (*Down*)

1. *collection*

2. *opening*

4. *ticket*

5. *museum*

9. *artist*

10. *display case*

12. *entrance*

Jeu des intrus: Les restaurants Identifiez le mot ou la locution qui ne correspond pas à la catégorie présentée au début de chaque ligne. *Identify the word or phrase that does not correspond to the category presented at the beginning of each line.*

1. **le personnel**: le serveur, le cuisinier, le maître d'hôtel, le chef d'orchestre

2. **le repas**: la sauce, la salade, le galet, l'entrée

3. **l'étiquette**: laisser un pourboire, appeler le «garçon», payer l'addition, inclure le service

4. **les boissons**: la vigne, le vin, la bière, le café crème

5. **le plat principal**: l'express, le coq au vin, le poulet au riz, le poisson

6. **le menu**: à prix fixe, à la carte, à la sauce tomate, avec le service compris

7. **le restaurant**: la terrasse, la salle, la chanteuse, la cuisine

8. **les heures d'ouverture**: la semaine, le week-end, les jours fériés, la visite

Vrai ou faux: En vacances Écrivez V si c'est logique et F si c'est faux ou ridicule. *Write V if it is logical and F if it is wrong or ridiculous.*

1. _____ La protection de l'environnement est essentielle.

2. _____ Quand on fait du camping, on fait un séjour en hôtel.

3. _____ Sur un terrain de camping, on voit souvent des feux de camp.

4. _____ Quand on fait des ballades à la campagne le soir, il vaut mieux avoir de la crème solaire.

5. _____ On peut rester dans une chambre à l'Office du tourisme.

6. _____ C'est une bonne idée de réserver une chambre d'hôtel pendant la saison des vacances.

7. _____ Une pension complète comprend la chambre et les repas.

8. _____ Il faut toujours avoir un ou une guide pour faire la visite d'un musée.

9. _____ Il faut une lampe de poche à la plage.

10. _____ Quand on fait des randonnées un jour d'été, il faut absolument une gourde remplie d'eau.

Le mot mystère: Cinéma Ajouter des lettres pour épeler le mot français qui
représente chaque mot anglais pour découvrir le mot mystère (le nom d'une actrice
française). *Add letters to spell the French word that represents each English word to
discover the mystery word (the name of a French actress).*

1. *ticket* ▮ __ l__ e __

2. *comedy* c __ __ é __ ▮ e

3. *intermission* e ▮ t __ __ c __ __

4. *detective movie* p ▮ __ i __ __ e r

5. *showing* __ é __ n ▮ __

6. *ticket booth* __ u __ c ▮ e __

7. *movie star* v ▮ __ e __ __ e

Le mot mystère: _____

Mots croisés: Projets de tourisme Traduisez chaque mot de l'anglais au français pour remplir la grille. *Translate each word from English to French to complete the puzzle.*

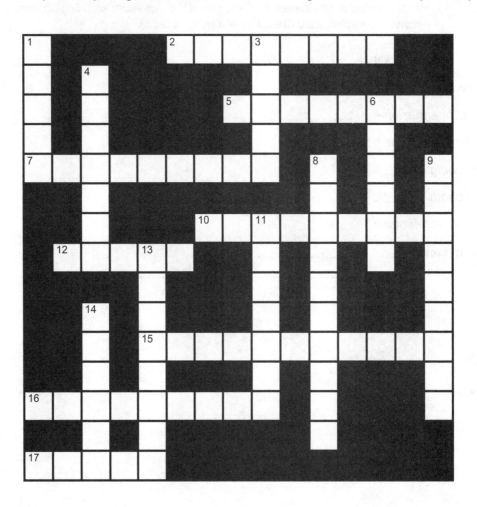

Horizontalement (*Across*)

2. *countryside*
5. *vacation*
7. *hike*

10. *to plan*
12. *tent*
15. *reservation*

16. *cruise*
17. *map*

Verticalement (*Down*)

1. *to room*
3. *beach*
4. *(scuba) diving*

6. *path*
8. *itinerary*
9. *parasailing*

11. *hostel, inn*
13. *tourism*
14. *stay*

Mots cachés: Dîner et concert! Trouvez les traductions françaises des mots suivants qui sont cachés dans la grille, horizontalement, verticalement ou en diagonal. *Find the French translations of the following words that are hidden in the puzzle horizontally, vertically, or diagonally.*

seated	tip	female singer
to order	show	female violin player
first course	balcony	
wine	seat	classical
espresso	male musician	

Les voyages et les transports

Trips and transportation

VOCABULAIRE

Vocabulaire utile

Invitations et préparatifs

accepter	*to accept*
accueilli(e)	*welcomed*
appareil photo (m)	*camera*
argent (m)	*money*
articles (m) de toilette	*toiletries*
bagage (m)	*baggage*
carte (f) d'identité	*identity card*
carte (f) de crédit	*credit card*
chèque (m)	*check*
désolé(e)	*sorry*
devise(f)	*currency*
enchanté(e)	*delighted*
heureux (-se)	*happy*
indécis(e)	*indecisive*
itinéraire (m)	*itinerary*
passeport (m)	*passport*
portefeuille (m)	*wallet*
refuser	*to refuse*
remercier	*to thank*
sac (m) à dos	*backpack*
trousse (f) de voyage	*travel kit*
valise (f)	*suitcase*
venir	*to come*

L'avion

aéroport (m)	*airport*
déclarer	*to declare*
douane (f)	*customs*
embarquement (m)	*boarding*
enregistrement (m)	*check-in*
hors taxe	*duty free*
place (f)/siège (m)	*place/seat*
sécurité (f)	*security*

Bus, métro, train et voiture

aller-retour (m)	*round-trip (ticket)*
aller-simple (m)	*one-way (ticket)*
arrêt (m)	*stop*
arrivée (f)	*arrival*
autoroute (f)	*highway*
carnet (m)	*book of tickets*
compartiment (m)	*compartment*
composter	*to validate*
conducteur (m)	*driver/operator*
départ (m)	*departure*
distributeur (m)	*ticket machine*
entrée (f)	*entrance*
faire demi-tour	*to make a U-turn*
gare (f)	*train station*
horaire (m)	*schedule*
interdit	*forbidden*
panneau (m)	*sign*
passant/passante (m/f)	*passerby*
piéton/piétonne (m/f)	*pedestrian*
plan (m)	*city map*
pont (m)	*bridge*
quai (m)	*platform*
route (f)	*road*
salle (f) d'attente	*waiting room*
sens (m) unique	*one way (direction)*
signaler	*to signal*
sortie (f)	*exit*
station-essence (f)	*gas station*
stationner/garer	*to park*
travaux (mpl)	*work zone*
voie (f)	*track*

Directions

à côté	*next door*
à droite	*to the right*
à gauche	*to the left*
à l'est	*to the east*
à l'intersection	*at the intersection*
à l'ouest	*to the west*
à un kilomètre	*in one kilometer*
au centre-ville	*downtown*
au coin	*at the corner*
au nord	*to the north*
au sud	*to the south*
comment	*how*
dans	*in*
de l'autre côté	*on the other side*
demander	*to ask*
derrière	*behind*
descendre	*to go down*
devant	*in front*
droit devant	*straight ahead*
en banlieue	*in the suburb*
en bas	*downstairs*
en face	*across*
en haut	*upstairs*
entre	*between*
indiquer	*to indicate*
loin	*far*
monter	*to go up*
où	*where*
par où	*which way*
près	*near*
rue (f)	*street*
sous	*under*
sur	*on top*
tourner	*to turn*
traverser	*to cross*
voici	*here is*
voilà	*there is*

Transports

avion (m)	*plane*
bateau (m)	*boat*
bus/autobus (m)	*bus*
camion (m)	*truck*
camping-car (m)	*camper*
métro (m)	*subway*
moto (f)	*motorcycle*
navette (f)	*shuttle*
scooter (m)	*scooter*
taxi (m)	*taxi*
train (m)	*train*
vélo (m)	*bike*
voiture (f)	*car*

Hébergement

accès (m)	*access*
acompte (m)	*deposit*
auberge (f)	*inn*
chambre (f)	*room*
climatisation (f)	*air conditioning*
étage (m)	*floor*
étoile (f)	*star*
grand/petit lit (m)	*big/small bed*
piscine (f)	*pool*
prix (m)	*price*
rez-de-chaussée (m)	*first floor*
salle (f) de sport	*fitness room*
tarif (m)	*rate*

En cas d'urgence

À l'aide !	*Help!*
attaqué(e)	*assaulted*
blessé(e)	*wounded/hurt*
cabinet (m)	*doctor's office*
dévalisé(e)	*burglarized*
docteur/médecin (m)	*physician*
gendarme/policier (m)	*policeman*
hôpital (m)	*hospital*
infirmier/infirmière (m/f)	*nurse*
malade	*sick*
perdu(e)	*lost*
pharmacie (f)	*pharmacy*
pompier (m)	*fireman*
premier secours (m)	*first aid*
urgences (fpl)	*emergency services*
volé(e)	*stolen*

Mots croisés: Les préparatifs Servez-vous des définitions suivantes pour remplir la grille. Devinez les mots apparentés. *Use the following definitions to solve this puzzle. Guess the cognates.*

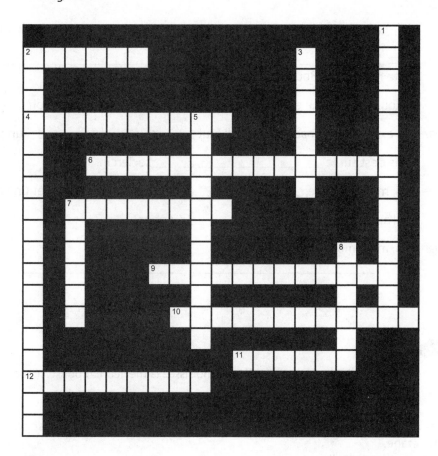

Horizontalement (*Across*)

2. *Vous en avez besoin pour payer les factures ou les achats.*

4. *Ce document a toutes vos dates et vos destinations.*

6. *C'est un petit sac avec des articles de toilette.* (three words)

7. *C'est un petit livret qui contient des renseignements ou de la publicité.*

9. *C'est le jour où vous partez en voyage.* (three words)

10. *Ceci contient votre argent et vos cartes de crédit.*

11. *Ce papier que vous signez sert à payer de grosses factures.*

12. *C'est le moyen d'aller d'un endroit à l'autre.*

Verticalement (*Down*)

1. *C'est là que vous dormez le plus souvent au cours de vos voyages.* (_____ d'_____)

2. *Ce sont les choses qu'il vous faut pour vous laver etc.* (three words)

3. *Ceci contient votre coupe-vent, votre bouteille d'eau etc.* (three words)

5. *Il vaut mieux avoir cela pour être sûr d'avoir une chambre d'hôtel par exemple.*

7. *Vous devez acheter ceci pour prendre le métro ou le bus.*

8. *Ceci contient vos vêtements, vos chaussures etc.*

Devinette: L'orientation Devinez quel mot ou locution complète le mieux chaque phrase dans le dialogue suivant. *Guess which word or phrase best completes each sentence in the following dialogue.*

SUZIE: Monsieur, s'il vous plaît, _____ est le Musée Médiéval?

MONSIEUR: Allez _____ de la rue, _____ de cette rue avec le Boulevard Leclerc et tournez à gauche.

SUZIE: Je tourne à gauche et c'est droit _____ moi?

MONSIEUR: Pas exactement, mademoiselle. Il faut _____ un pont.

SUZIE: Mais c'est sur le _____ Leclerc?

MONSIEUR: Oui, mademoiselle, _____ l'Hôtel de ville et une banque.

SUZIE: De l'autre _____ du pont?

MONSIEUR: Oui, mademoiselle!

Choix multiples: Les directions Choisissez la meilleure réponse. *Choose the best response.*

1. Vous êtes au rez-de-chaussée d'un grand magasin. Vous allez au rayon des sports au deuxième étage.
   a. Vous descendez l'escalier.
   b. Vous tournez à droite.
   c. Vous traversez le rayon des sports.
   d. Vous montez deux escaliers.

2. Vous travaillez au centre-ville. Votre restaurant favori est juste en face de votre bureau.
   a. Vous déjeunez souvent près du bureau avec des amis.
   b. Vous prenez le bus pour aller au restaurant.
   c. Vous demandez à un collègue comment aller au restaurant.
   d. Vous ne mangez jamais rien.

3. Votre université est au nord de la ville. Vous habitez très loin à l'est de la ville.
   a. Vous prenez l'avion pour aller aux cours.
   b. Vous allez aux cours à vélo.
   c. Vous prenez votre voiture et vous allez direction est.
   d. Vous garez votre voiture dans le parking de l'université.

4. Vous êtes au travail. Tous vos papiers sont...
   a. sur votre bureau.
   b. dans votre réfrigérateur.
   c. sous votre chaise.
   d. entre vos fenêtres.

5. Vous essayez de trouver une station de métro.
    a. Vous indiquez l'arrêt de bus.
    b. Vous demandez à un passant.
    c. Vous montez dans le train.
    d. Vous traversez la voie.

6. Vous êtes en voiture.
    a. Vous parlez à tous les piétons qui traversent la rue.
    b. Vous demandez à un passant où est le métro.
    c. Vous arrêtez à toutes les intersections où il y a un stop.
    d. Vous indiquez le sens unique à l'agent de police.

EXERCICE 9·4

Jeu des antonymes: Par ci par là... Identifiez le contraire de chaque mot présenté et écrivez la lettre correspondante sur la ligne appropriée. *Identify the opposite of each word presented, and write the corresponding letter on the appropriate line.*

1. _____ en haut   a. loin

2. _____ monter   b. devant

3. _____ sur   c. en bas

4. _____ à droite   d. au sud

5. _____ près   e. voilà

6. _____ derrière   f. en banlieue

7. _____ au nord   g. aller droit

8. _____ voici   h. à gauche

9. _____ en ville   i. descendre

10. _____ tourner   j. sous

En images: Les transports Écrivez le mot qui correspond à chacune des images sur la ligne appropriée. *Write the word that corresponds to each picture on the appropriate line. You may use the definite article before each noun.*

1. _____

2. _____

3. _____

4. _____

5. _____

6. _____

7. _____

8. _____

9. _____

10. _____

Mots cachés: Prendre le bus, le métro et le train Trouvez les traductions françaises des mots suivants qui sont cachés dans la grille, horizontalement, verticalement ou en diagonal. *Find the French translations of the following words that are hidden in the puzzle horizontally, vertically, or diagonally.*

```
W F I R D Y W C D P I S Q X F B Q
G G A G Y C I L G J R D N N G Y K
M F E R Y C O M P A R T I M E N T
F A I I U C O M P O S T E R T J Q
N R W Z D B L O H I F G D Z I Y K
B R T W G C I O U G R W V K G R M
G I D R C A H V Q U A F Y H E D P
F V N E H H E V E Y P M H I A C T
P É B I C I A T Y W G N O J C E A
B E P R T N C U D O Y V X C R H J
Y M G R U U V P F H M Q U A I O Q
Z I O O D B G F B F Z T G R O R F
J S N N K M Z G T X E B G N Z A X
I C O K W G V Ê H B K U D E L I U
P C A E K Z R M Z N A Z R T F R T
H A R V H R F Q G P M S C F G E J
K D K E A W R D U O U O D S P V F
```

compartment	to validate	track
train conductor	schedule	stop
taxi driver	exit	train station
book of tickets	platform	arrival

EXERCICE 9·7

Jeu des intrus: Les déplacements Identifiez le mot ou la locution qui ne correspond pas à la catégorie présentée au début de chaque ligne. *Identify the word or phrase that does not correspond to the category presented at the beginning of each line.*

1. **la voiture**: quai, route, signaler, chauffeur

2. **le train**: voie, horaire, conducteur, pilote

3. **l'avion**: siège, embarquement, enregistrement, passant

4. **le bus**: passager, arrêt, métro, horaire

5. **l'aéroport**: douane, navette, bagage, station-essence

6. **la gare**: hôtesse de l'air, voie, quai, composter

7. **la route**: code, siège, péage, intersection

8. **le métro**: pont, tunnel, carnet, ticket

EXERCICE 9·8

Jeu des lettres: L'hébergement Ajouter des lettres pour épeler le mot français qui représente chaque mot anglais. *Add letters to spell the French word that represents each English word.*

1. __ c __ m __ __ e (*deposit*) _____

2. é __ __ g __ (*floor*) _____

3. __ __ a __ __ l __ __ (*big bed*) _____

4. __ l __ m __ __ i __ __ t __ __ n (*air conditioning*) _____

5. é __ __ i __ __ (*star*) _____

6. __ u __ e __ __ e (*inn*) _____

7. t __ r __ __ (*rate*) _____

8. r __ __ - d__ - c __ a __ s __ __ e (*first/lobby floor*) _____

9. __ h __ __ b __ e (*room*) _____

10. __ i __ __ i __ e (*pool*) _____

11. __ a __ __ e __ __ __ p __ __ __ (*exercise room*) _____

12. __ c __ è __ (*access*) _____

Matching: Le transport le plus logique Écrivez la lettre du moyen de transport le plus probable pour chacun des scénarios suivants. *Write the letter of the most probable means of transportation for each of the following scenarios.*

1. _____ Pour aller à l'épicerie du coin dans mon village.   a. l'avion

2. _____ Pour transporter mes meubles.   b. le taxi

3. _____ Pour chercher mes amis à l'aéroport.   c. le camping-car

4. _____ Pour aller de la gare à l'hôtel dans un pays étranger.   d. le train

5. _____ Pour faire du camping.   e. le vélo

6. _____ Pour faire la sieste dans mon compartiment.   f. le métro

7. _____ Pour traverser l'océan en quelques heures.   g. le camion

8. _____ Pour me déplacer rapidement à New York.   h. la voiture

Mots croisés: En cas d'urgence Servez-vous des définitions suivantes pour remplir la grille. Devinez les mots apparentés. *Use the following definitions to solve this puzzle. Guess the cognates.*

Horizontalement (*Across*)

1. *C'est ce qu'on appelle une personne très habile qui vole votre portefeuille.*

3. *C'est l'endroit où on va quand on est gravement malade.*

7. *C'est l'endroit où on emmène les blessés ou les malades quand le temps est précieux.*

9. *C'est l'adjectif à la forme féminine qui indique que vous êtes victime d'un vol.*

10. *C'est quelqu'un qui lutte contre les incendies.*

12. *C'est la personne qui vous examine et fait un diagnostic quand vous êtes malade ou blessé(e).*

13. *C'est l'endroit où on va pour voir le docteur.*

Verticalement (*Down*)

1. *C'est l'adjectif à la forme féminine qui indique que quelque chose n'est plus en votre possession et vous ne savez pas où c'est.*

2. *C'est un synonyme pour le mot aide.*

4. *C'est l'endroit où on va pour acheter les médicaments.*

5. *C'est une personne qui veille à la sûreté publique.*

6. *C'est la dame qui assiste le docteur.*

8. *C'est l'adjectif qui veut dire que vous avez subi une blessure.*

11. *C'est l'adjectif qui veut dire le contraire de en bonne santé.*

La nature et l'environnement

Nature and environment

Vocabulaire utile

L'espace

apesanteur (f)	*weightlessness*
avenir (m)	*future*
ciel (m)	*sky*
étoile (f)	*star*
étoile filante (f)	*shooting star*
fusée (f)	*rocket*
galaxie (f)	*galaxy*
lancer	*to launch*
lunaire	*lunar*
lune (f)	*moon*
météore (m)	*meteor*
navette (f)	*shuttle*
orbite (f)	*orbit*
oxygène (f)	*oxygen*
vaisseau spatial (m)	*spaceship*
vol (m)	*flight*

La terre

archipel (m)	*archipelago*
baie (f)	*bay*
bras (m) de mer	*channel*
campagne (f)	*countryside*
colline (f)	*hill*
côte (f)	*coast*
falaise (f)	*cliff*
forêt (f)	*forest*
frontière (f)	*border*
grotte (f)	*cave*
île (f)	*island*
littoral (m)	*coastal area*
montagne (f)	*mountain*
pays (m)	*country*
péninsule (f)	*peninsula*
volcan (m)	*volcano*

L'eau dans la nature

chute (f)	*fall*
déboucher	*to end in*
étang (m)	*pond*
flaque (f)	*puddle*
fleuve (m)	*main river*
golfe (m)	*gulf*
isthme (m)	*isthmus*
lac (m)	*lake*
marée (f)	*tide*
mer (f)	*sea*
océan (m)	*ocean*
rivière (f)	*river*
ruisseau (m)	*brook*
vague (f)	*wave*

La météo

annuel(le)	*annual*
baisser	*to drop*
bas(se)	*low*
coucher (m)	*(sun)set*
haut(e)	*high*
lever (m)	*(sun)rise*
moins	*minus*
monter	*to go up*
moyen(ne)	*average*
perturbation (f)	*disturbance*
plus	*plus*
précipitation (f)	*rainfall*
prévision (f)	*forecast*
saison (f)	*season*

Le temps

averse (f)	*rain shower*
beau/bon	*nice/good*
brise (f)	*breeze*

Les catastrophes naturelles

canicule (f)	*relentless heat*
éclair (m)	*lightning*
foudre (f)	*lightning bolt*

Le temps (cont.)

brouillard (m)	*fog*
chaleur (f)	*heat*
chaud(e)	*hot*
couvert(e)	*overcast*
dégel (m)	*thaw*
doux (-ce)	*mild*
ensoleillé(e)	*sunny*
frais/fraîche	*cool*
froid(e)	*cold*
gel/givre (m)	*frost*
geler	*to freeze*
grêler	*to hail*
humide/lourd(e)	*humid*
maussade	*grayish*
mauvais(e)	*bad*
neige (f)	*snow*
neiger	*to snow*
nuageux (-se)	*cloudy*
orage (m)	*thunderstorm*
orageux (-se)	*stormy*
pleuvoir	*to rain*
pluie(f)	*rain*
pluvieux (-se)	*rainy*
sec/sèche	*dry*
soleil (m)	*sun*
tempête (f)	*wind-/sea storm*
vent (m)	*wind*
verglas (m)	*glazed frost/ice*

Les catastrophes naturelles (cont.)

glissement (m) de terrain	*landslide*
inondation (f)	*flood*
ouragan (m)	*hurricane*
rafale (f)	*squall*
raz-de-marée (m)	*tidal wave*
sécheresse (f)	*drought*
tempête (f)	*storm (at sea/snow)*
tonnerre (m)	*thunder*
tremblement (m) de terre	*earthquake*

L'environnement

calotte glaciaire (f)	*ice cap*
couche (f)	*layer*
déboisement (m)	*deforestation*
défenseur (m)	*defender*
déséquilibre (m)	*imbalance*
diversité (f)	*diversity*
eau potable (f)	*drinking water*
effet (m) de serre	*greenhouse effect*
enrayer	*to block*
espèce (f)	*species*
gaspillage (m)	*waste*
marais noire (f)	*oil slick*
menace (f)	*threat*
nettoyage (m)	*cleanup*
pétrole (m)	*oil*
protéger	*to protect*
réchauffement (m)	*warming*
recyclage (m)	*recycling*

Les animaux domestiques et les animaux de ferme

agneau (m)	*lamb*
bœuf (m)	*ox*
canard (m)	*duck*
chat(te) (m/f)	*cat*
cheval (m)	*horse*
chèvre (f)	*goat*
chien(ne) (m/f)	*dog*
cobaye (m)	*guinea pig*
cochon (m)	*pig*
coq (m)	*rooster*
dinde (f)	*turkey*
grenouille (f)	*frog*
lapin (m)	*rabbit*
mouton (m)	*sheep*
oiseau (m)	*bird*
perroquet (m)	*parrot*
poisson rouge (m)	*goldfish*
poule (f)	*chicken*
serpent (m)	*snake*
vache (f)	*cow*
veau (m)	*calf*

Les animaux dans la nature

biche (f)	*deer*
cerf (m)	*buck*
chauve-souris (f)	*bat*
cygne (m)	*swan*
écureuil (m)	*squirrel*
éléphant/éléphante (m/f)	*elephant*
girafe (f)	*giraffe*
hippopotame (m)	*hippopotamus*
loup/louve (m/f)	*wolf*
porc-épic (m)	*porcupine*
raton laveur (m)	*racoon*
renard/renarde (m/f)	*fox*
requin (m)	*shark*
singe (m)	*monkey*
souris (f)	*mouse*
taupe (f)	*mole*
zèbre (m)	*zebra*

Les espèces en danger

abeille (f)	*bee*
aigle (m)	*eagle*
baleine (f)	*whale*
chimpanzé (m)	*chimpanzee*
dauphin (m)	*dolphin*
gorille (m)	*gorilla*
léopard (m)	*leopard*
ours (m)	*bear*
panthère (f)	*panther*
papillon (m)	*butterfly*
pélican (m)	*pelican*
phoque (m)	*seal*
pingouin (m)	*penguin*
tortue (f)	*turtle*

Les arbres

abricotier (m)	*apricot tree*
amandier (m)	*almond tree*
avocatier (m)	*avocado tree*
bananier (m)	*banana tree*
cerisier (m)	*cherry tree*
chêne (m)	*oak tree*
citronnier (m)	*lemon tree*
érable (m)	*maple tree*
figuier (m)	*fig tree*
olivier (m)	*olive tree*
oranger (m)	*orange tree*
palmier (m)	*palm tree*
pêcher (m)	*peach tree*
pin (m)	*pine tree*
poirier (m)	*pear tree*
pommier (m)	*apple tree*
prunier (m)	*plum tree*

Les fleurs

hortensia (m)	*hydrangea*
jonquille (f)	*daffodil*
lilas (m)	*lilac*
lys (m)	*lily*
marguerite (f)	*daisy*
muguet (m)	*lily of the valley*
œillet (m)	*carnation*
orchidée (f)	*orchid*
rose (f)	*rose*
tournesol (m)	*sunflower*
tulipe (f)	*tulip*
violette (f)	*violet*

Mots croisés: L'espace Servez-vous de la traduction de chaque mot anglais pour remplir la grille. Devinez les mots apparentés. *Use the translation of each English word to solve this puzzle. Guess the cognates.*

Horizontalement (*Across*)

3. *oxygen*

5. *flight*

6. *atmosphere*

8. *rocket*

9. *orbit*

10. *galaxy*

12. *weightlessness*

13. *meteor*

14. *celestial body*

15. *sky*

Verticalement (*Down*)

1. *solar*

2. *satellite*

4. *comet*

5. *spaceship* (two words)

7. *lunar*

11. *to attract*

Choix multiples: La terre Choisissez la meilleure réponse. *Choose the best response.*

1. Vous êtes au sommet d'une très haute montagne.
   a. L'oxygène est rare.
   b. Vous voulez monter plus haut.
   c. Vous êtes dans un désert de sable.
   d. Vous voyez le ciel à vos pieds.

2. Vous êtes dans un vaisseau spatial et vous orbitez la terre.
   a. Vous voyez des navettes spatiales autour de vous.
   b. Vous lancez des comètes à d'autres touristes.
   c. Vous marchez entre les étoiles.
   d. Vous observez les continents de la terre.

3. Votre voyez une étoile filante dans le ciel.
   a. Vous appelez «À l'aide!».
   b. Vous pensez que c'est une comète qui vous attaque.
   c. C'est un météore qui entre dans l'atmosphère terrestre.
   d. C'est une éclipse solaire.

4. Vous assistez à une présentation sur les constellations. Qu'est-ce qu'on ne fait probablement pas à cette présentation?
   a. On parle de groupements d'étoiles.
   b. On donne des explications sur les galaxies.
   c. On lit votre avenir dans une boule de crystal.
   d. On mentionne que les constellations ont des noms grecs.

5. Qu'est-ce qui n'est pas traité dans un livre de géographie?
   a. le relief des continents terrestres
   b. l'emplacement des glaciers arctiques
   c. les rivières, les mers et les océans
   d. les noms des ruisseaux de montagnes

6. Vous vous promenez à la campagne. Qu'est-ce que vous n'allez certainement pas voir?
   a. des forêts
   b. des grottes
   c. une mer
   d. un étang

7. Qu'est-ce qu'on ne trouve pas aux États-Unis?
   a. les volcans
   b. les plateaux
   c. les côtes
   d. les collines

8. Qu'est-ce qu'il y a entre deux pays?
   a. une péninsule
   b. une falaise
   c. une frontière
   d. une île

Devinette: L'eau sur terre Devinez quel mot ou locution correspond à chaque description. Utilisez l'article défini avec ce mot. *Guess which word or phrase corresponds to each description. Use the definite article with this word.*

1. _____ Il y a, par exemple, la Manche entre la France et l'Angleterre.

2. _____ Un Français, Ferdinand de Lesseps a conçu celui de Suez.

3. _____ Celles de Niagara sont très connues.

4. _____ La Méditerranée au sud de la France en est un exemple.

5. _____ Titicaca est un exemple de ceci en Amérique du sud.

6. _____ Il débouche dans un océan ou dans une mer.

7. _____ Au sud de la Louisiane, il y a celui du Mexique.

8. _____ Les îles des Seychelles en forment un dans l'océan Indien.

9. _____ Le littoral méditerranéen comprend ceci en plus de ses plages.

10. _____ La France en a plusieurs comme les Alpes et les Pyrénées.

11. _____ De temps en temps, on en trouve dans le désert.

12. _____ Ce type de rivière rapide descend de la montagne.

13. _____ C'est plus petit qu'un lac mais plus grand qu'une flaque.

14. _____ C'est une toute petite rivière.

15. _____ C'est l'origine d'une rivière.

Jeu des antonymes: Parlons du temps! Identifiez le contraire de chaque mot présenté et écrivez la lettre correspondante sur la ligne appropriée. *Identify the opposite of each word presented, and write the corresponding letter on the appropriate line.*

1. _____ gel   a. maussade

2. _____ doux   b. haut

3. _____ ensoleillé   c. constant

4. _____ sec   d. calme

5. _____ bas   e. frais

6. _____ lever   f. monter

7. _____ baisser   g. moins

8. _____ variable   h. humide

9. _____ perturbation   i. dégel

10. _____ plus   j. coucher

Le mot mystère: Le temps Traduisez chaque mot de l'anglais en français pour découvrir le mot mystère. *Translate each word from English to French and discover the mystery word.*

1. *rain* ▮ __ u __ e

2. *to freeze* g __ ▮ e __

3. *humid/heavy* __ o ▮ __ __

4. *overcast* __ __ u ▮ e __ t

5. *breeze* __ r ▮ __ e

6. *to snow* __ e __ g ▮ r

7. *bad* __ a ▮ __ a __ __

8. *stormy* o __ __ g __ u ▮

Le mot mystère: _____

Matching: Les conditions météorologiques Trouvez l'équivalent de chacune des conditions suivantes et écrivez la lettre correspondante. *Find the equivalent of each of the following conditions, and write the corresponding letter.*

1. _____ chute de neige   a. *average temperature*

2. _____ routes verglacées   b. *unpredictable squalls*

3. _____ inondations   c. *rainfall*

4. _____ grand froid   d. *snowfall*

5. _____ vents violents   e. *intense and continuous heat*

6. _____ orages épars   f. *floods*

7. _____ rafales imprévisibles   g. *icy roads*

8. _____ canicule   h. *extreme winds*

9. _____ température moyenne   i. *very cold*

10. _____ précipitation   j. *sporadic storms*

**EXERCICE
10·7**

La soupe aux syllabes: Les catastrophes naturelles Reconstituez chaque mot à l'aide des syllabes qu'on vous donne. Devinez les mots apparentés. *Reconstitute each word with the syllables provided. Guess the cognates.*

1. resse/che/sé _____

2. ble/trem/ment _____

3. lan/va/a/che _____

4. ma/de/raz/rée _____

5. ment/se/glis _____

6. ne/clo/cy _____

7. gan/ra/ou _____

8. non/tion/i/da _____

Mots cachés: L'environnement Trouvez les traductions françaises des mots suivants qui sont cachés dans la grille, horizontalement, verticalement ou en diagonal. *Find the French translations of the following words that are hidden in the puzzle horizontally, vertically, or diagonally.*

```
P M V Y R A E R R I W M L J Z E H D G
Z O G V O É C C R Q C E U U C Y V Q E
T D L H C I C Z K T R N K E F P L H F
R P É L S V Q H W T Z A Y R X N C E F
H T B B U E U A A Y L C C V P U M N E
F A S U O T V T M U U E C T O A S E T
M M B D S I I W U A F A G C Y W W T D
A Y X I O P S O H Q R F J U E J E T E
R Z K O T H M E N M L E E U M B A O S
A E H H P A A F M S L Y C M W C U Y E
I H F B Q U T A R E F Q X Y E H P A R
S V M B E H D U P H N T T C N O G R R
N V K A S M K N A R I T È J K L T E E
O D É F E N S E U R O P T Z Z M A C S
I G P J U E V K M V S T X S K O B G T
R X Q D S E J P Y E Z Z É K E B L O E
E D É S É Q U I L I B R E G K G E Y W
B S N O C Q S E I A B E M J E P R Z D
P Q K V G M O A W S Z F H G A R L Z L
```

defender	layer
imbalance	deforestation
recycling	habitat
cleanup	threat
oil slick (two words)	fauna
pollution	to protect
warming	drinking water (two words)
species	greenhouse effect (three words)

En images: Les animaux Nommez l'animal représenté dans chacune des images suivantes. Utilisez l'article défini avec chaque nom. *Name the animal represented in each of the following pictures. Use the definite article with each name.*

1. _____

2. _____

3. _____

4. _____

5. _____

6. _____

7. _____

8. _____

9. _____

10. _____

Le jeu de l'intrus: Les animaux et leur habitat Identifiez l'animal qui ne correspond pas à la catégorie présentée au début de chaque ligne. *Identify the animal that does not correspond to the category presented at the beginning of each line.*

1. **la ferme**: la souris, le bœuf, la panthère, le rat

2. **la maison**: le cobaye, le chien, le poisson rouge, le porc-épic

3. **les champs**: la taupe, le singe, le lapin, le cerf

4. **le zoo**: le lion, le loup, le zèbre, le crocodile

5. **la savane africaine**: le cygne, le léopard, l'éléphant, la gazelle

6. **l'espèce en danger**: la baleine, le cobaye, l'abeille, l'aigle

7. **l'océan**: la baleine, le papillon, le dauphin, le requin

8. **la rivière**: le phoque, le poisson, la grenouille, le raton laveur

Mots croisés: Les arbres et les fleurs Servez-vous de la traduction de chaque mot anglais pour remplir la grille. Devinez les mots apparentés. *Use the translations of each English word to solve this puzzle. Guess the cognates.*

Horizontalement (*Across*)

2. *hydrangea*

5. *apple tree*

6. *maple tree*

7. *olive tree*

8. *tulip*

9. *orchid*

10. *lemon tree*

11. *lily*

12. *lilac*

13. *violet*

Verticalement (*Down*)

1. *palm tree*

3. *rose*

4. *daisy*

5. *pear tree*

8. *sunflower*

9. *carnation*

10. *oak tree*

Devinette: Qui est-ce? Remplissez chaque trou avec le mot français approprié pour découvrir qui y est décrit. *Fill in each blank with the appropriate French word to discover who is being described.*

C'est une actrice américaine engagée dans la protection de l'_____

(*environment*). Elle a depuis sa jeunesse une forte sensibilité _____

(*ecological*). Sa propre maison a des réflecteurs _____ (*solar*) parce

qu'elle veut utiliser de l'_____ (*energy*) durable. Elle lutte notamment

contre la chasse aux _____ (*whales*) menée par les Japonais. Elle a un

blog où elle parle de _____ (*solutions*) au développement durable.

De plus, elle est _____ (*vegetarian*); donc elle ne mange jamais

de produit _____ (*animal*). Elle croit fermement qu'il

faut _____ (*protect*) notre terre et que nous devons tous abandonner

l'usage néfaste du _____ (*oil*).

C' est _____.

La santé et l'hygiène

Health and hygiene

·11·

Vocabulaire utile

Le corps humain

artère (f)	*artery*
bouche (f)	*mouth*
bras (m)	*arm*
cerveau (m)	*brain*
cheville (f)	*ankle*
cil (m)	*eyebrow*
cœur (m)	*heart*
côte (f)	*rib*
cou (m)	*neck*
crâne (m)	*skull*
cuisse (f)	*thigh*
dent (f)	*tooth*
doigt (m)	*finger*
dos (m)	*back*
épaule (f)	*shoulder*
fesse (f)	*buttock*
figure (f)	*face*
foie (m)	*liver*
front (m)	*forehead*
genou (m)	*knee*
gorge (f)	*throat*
hanche (f)	*hip*
jambe (f)	*leg*
joue (f)	*cheek*
langue (f)	*tongue*
lèvre (f)	*lip*
mâchoire (f)	*jaw*
main (f)	*hand*
menton (m)	*chin*
nerf (m)	*nerve*
nez (m)	*nose*
nuque (f)	*nape of the neck*
œil/yeux (m/pl)	*eye*
oreille (f)	*ear*
orteil (m)	*toe*
os (m)	*bone*

L'hygiène

se baigner	*to bathe*
bain (m)	*bath*
brosse (f) à cheveux	*hairbrush*
brosse (f) à dents	*toothbrush*
se brosser	*to brush*
cire (f)	*wax*
se coiffer	*to style*
se couper	*to cut*
crème (f) hydratante	*moisturizing cream*
cure-dent (m)	*toothpick*
déodorant (m)	*deodorant*
douche (f)	*shower*
doucher (se)	*to shower*
eau (f) de Cologne	*cologne*
eau (f) de toilette	*parfume*
s'épiler	*to tweeze (hair)*
fond (m) de teint	*makeup*
gant (m) de toilette	*washcloth*
gel (m) à raser	*shaving cream*
se laver	*to wash*
odeur (f)	*odor*
ongle (m)	*nail*
parfum (m)	*perfume*
se peigner	*to comb*
poil (m)	*body hair*
propre	*clean*
se raser	*to shave*
rasoir (m)	*razor*
rouge (m) à lèvres	*lipstick*
sale	*dirty*
savon (m)	*soap*
sels (mpl) de bain	*bath salts*
shampooing (m)	*shampoo*
sueur (f)	*sweat*
vernis (m) à ongles	*nail polish*

Le corps humain (cont.)

palais (m)	*palate*
paupière (f)	*eyelid*
peau (f)	*skin*
pied (m)	*foot*
poignet (m)	*wrist*
poing (m)	*fist*
poitrine (f)	*chest*
pouce (m)	*thumb*
poumon (m)	*lung*
sang (m)	*blood*
sein (m)	*breast*
sourcil (m)	*eyebrow*
squelette (m)	*skeleton*
taille (f)	*to groom*
toilette (faire)	*waist*
veine (f)	*vein*
ventre (m)	*belly*
visage (m)	*face*

Les conditions médicales

avoir mal	*to hurt/ache*
blessure (f)	*wound*
bleu (m)	*bruise*
brûlure (f)	*burn*
cassé(e)	*broken*
casser (se)	*to break*
chute (f)	*fall*
diarrhée (f)	*diarrhea*
douleur (f)	*pain*
enflure (f)	*swelling*
éternuer	*to sneeze*
fièvre (f)	*fever*
foulure (f)	*sprain*
grippe (f)	*flu*
maladie (f)	*sickness/illness*
otite (f)	*ear infection*
refroidissement (m)	*cold*
rhume (m)	*cold*
s'évanouir	*to faint*
tousser	*to cough*
toux (f)	*cough*

Les soins médicaux

analyse (f)	*test*
anesthésie (f)	*anesthesia*
antibiotique (m)	*antibiotique*
auscultation (f)	*examination*
ausculter	*to examine*
bandage (m)	*bandage*
cachet (m)	*pill*
consultation (f)	*consultation*
médicament (m)	*medication*
opération (f)	*operation*
ordonnance (f)	*prescription*
pansement (m)	*Band-Aid*
piqûre (f)	*injection*
sirop (m)	*syrup*
traitement (m)	*treatment*
urgence (f)	*emergency*

Les spécialistes de la santé

cardiologue (m/f)	*cardiologist*
chiropracticien(ne) (m/f)	*chiropractor*
chirurgien(ne) (m/f)	*surgeon*
dentiste (m/f)	*dentist*
dermatologue (m/f)	*dermatologist*
docteur (m)	*doctor*
généraliste (m/f)	*general practitioner*
gynécologue (m/f)	*gynecologist*
infirmier (-ère) (m/f)	*nurse*
médecin (m)	*physician*
neurologue (m/f)	*neurologist*
oncologue (m/f)	*oncologist*
ophtalmologue (m/f)	*ophthalmologist*
opticien(ne) (m/f)	*optician*
pédiatre (m/f)	*pediatrician*
pharmacien(ne) (m/f)	*pharmacist*
psychiatre (m/f)	*psychiatrist*
psychologue (m/f)	*psychologist*
secouriste (m/f)	*first-aid worker*

Mots cachés: Le corps humain Trouvez les traductions françaises des mots suivants qui sont cachés dans la grille, horizontalement, verticalement ou en diagonal. *Find the French translations of the following words that are hidden in the puzzle horizontally, vertically, or diagonally.*

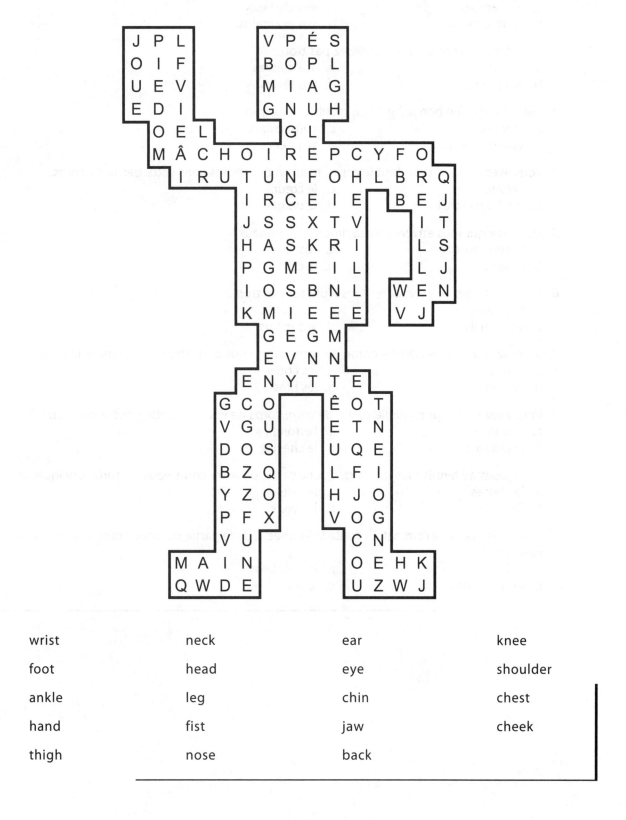

wrist	neck	ear	knee
foot	head	eye	shoulder
ankle	leg	chin	chest
hand	fist	jaw	cheek
thigh	nose	back	

Choix multiples: La fonction des parties du corps humain Choisissez la meilleure réponse. *Choose the best response.*

1. Vous escaladez une montagne. Vous n'utilisez pas...
   - a. vos jambes.
   - b. votre cerveau.
   - c. vos cheveux.
   - d. vos poumons.

2. Vous faites du cheval. Vous n'utilisez pas trop...
   - a. vos mains.
   - b. vos pieds.
   - c. vos cuisses.
   - d. vos lèvres.

3. Vous mangez un bon repas. Vous n'utilisez pas trop...
   - a. votre dos.
   - b. votre langue.
   - c. votre palais.
   - d. vos dents.

4. Vous avez du sang dans tout le corps, mais un peu moins dans cette partie du corps...
   - a. l'artère.
   - b. le lobe de l'oreille
   - c. le cœur.
   - d. le doigt.

5. Qu'est-ce qui vous envoie constamment des signaux?
   - a. le cerveau
   - b. le sang
   - c. l'os
   - d. le crâne

6. Vous conduisez votre voiture. Vous n'utilisez pas trop...
   - a. vos yeux.
   - b. vos orteils.
   - c. vos pieds.
   - d. vos mains.

7. Vous avez un rhume. Quelle partie de votre corps vous perturbe généralement le plus?
   - a. le nez
   - b. la ventre
   - c. les côtes
   - d. les bras

8. Vous avez une grippe. Quelle partie de votre corps ne vous perturbe généralement pas?
   - a. la gorge
   - b. la poitrine
   - c. l'estomac
   - d. la cheville

9. Vous jouez au tennis tous les jours. Quelle partie de votre corps vous perturbe quelquefois?
   - a. les fesses
   - b. l'épaule
   - c. la tête
   - d. les yeux

10. Vous êtes assis(e) à l'ordinateur toute la journée. Quelle partie de votre corps vous perturbe peut-être?
    - a. le foie
    - b. les poumons
    - c. les jambes
    - d. le dos

Mots croisés: Le physique Servez-vous de la traduction de chaque mot anglais pour remplir la grille. Devinez les mots apparentés. *Use the translations of each English word to solve this puzzle. Guess the cognates.*

Horizontalement (*Across*)

2. *legs*
4. *nails*
5. *neck*

6. *mouth*
8. *face*
9. *eyelid*

11. *waist*
13. *forehead*
14. *breast*

15. *head*
16. *nose*

Verticalement (*Down*)

1. *eyebrow*
3. *jaw*

6. *arm*
7. *skin*

9. *wrist*
10. *feet*

12. *chin*

Devinette: L'hygiène Dites ce qu'on utilise dans les cas suivants. *Say what we use in the following cases.*

1. _____ Une femme l'utilise pour sentir bon.

2. _____ Un homme l'utilise pour sentir bon.

3. _____ On l'utilise pour supprimer l'odeur corporelle.

4. _____ On l'utilise pour avoir un beau teint et une belle peau.

5. _____ On l'utilise pour avoir une peau lisse sans poils.

6. _____ On l'utilise pour se laver les cheveux.

7. _____ On l'utilise pour colorier et embellir les ongles.

8. _____ On le met sur la brosse à dents.

9. _____ On l'utilise pour stimuler les gencives.

10. _____ On l'utilise pour avoir une peau bien propre.

11. _____ On l'utilise pour avoir des cheveux bien coiffés.

12. _____ On les met dans le bain pour embaumer et adoucir l'eau.

13. _____ On le met sur les lèvres pour les mettre en valeur.

14. _____ On le met sur la paupière pour accentuer le contour de l'œil.

15. _____ On l'utilise pour s'hydrater la peau.

Matching: Qu'est-ce que tu as? Identifiez le mot qui correspond à chaque condition et écrivez la lettre correspondante sur la ligne appropriée. *Identify the word that corresponds to each condition, and write the corresponding letter on the appropriate line.*

1. _____ s'évanouir   a. *a dizzy spell*

2. _____ une brûlure   b. *to feel an ache/a pain*

3. _____ un malaise   c. *a bruise*

4. _____ une chute   d. *a burn*

5. _____ une blessure   e. *to look bad/sick*

6. _____ une foulure   f. *to faint*

7. _____ avoir mal   g. *a swelling*

8. _____ un bleu   h. *a wound*

9. _____ avoir mauvaise mine   i. *a sprain*

10. _____ une enflure   j. *a fall*

Vrai ou faux: Les indispositions communes Écrivez V (vrai) si la phrase est logique, mais F (faux) si la phrase est illogique ou ridicule. *Write V if the sentence is logical but F if the sentence is illogical or ridiculous.*

1. _____ Un refroidissement est un rhume.

2. _____ Quand on a un virus intestinal, on éternue souvent.

3. _____ Une grippe est généralement accompagnée d'une fièvre.

4. _____ Les jeunes enfants ont parfois des otites à la suite d'un refroidissement.

5. _____ La diarrhée fait mal aux oreilles.

6. _____ Quand on se coupe au doigt, on saigne.

7. _____ Une migraine est un mal de tête très particulier.

8. _____ Un sirop est utile quand on a une foulure.

9. _____ Les bleus et les enflures peuvent être le résultat d'un accident de voiture.

10. _____ Une fracture d'os ne cause pas beaucoup de douleur.

Mots cachés: Les soins Trouvez les traductions françaises des mots suivants qui sont cachés dans la grille, horizontalement, verticalement ou en diagonal. *Find the French translations of the following words that are hidden in the puzzle horizontally, vertically, or diagonally.*

```
K M A M C W G N D T X N Y X L M J P E H P
O É N W R H S J J Q A T H S L C J I S G V
O D A N M H Q Z O O W W N E Z R O G A H N
W I L A C A P W T H R O J F U A O H O O M
R C Y J A V D W E D I D H Q Y U Y Z I O J
W A S X N G A E V T F E O N Y V Z T V N U
T M E U T A X N A J J V W N K P A L D D E
R E D L I S L R E M U F O E N T I Z Q G W
A N E S B Q É X H S E Q I Y L A A Q A S B
I T S C I P I Z O C T P L U P V N D Û H Z
T S A C O J T U N E A H S E Z C N C P R L
E K N I T R T E E R X N É S M A I M E H E
M Q G H I T G J É M O Q N S B O B V H S G
E F Q T Q R V H S C J N U D I T K Y I I W
N G B C U U T F M H Y C A C H E T A B R D
T X H U E O V K H N X Z X F E V W L V O V
H G J W H U E F M Z X D C K U E S B A P H
A U S C U L T A T I O N P A N S E M E N T
Q T Y L H L L Q F V J X B G M Q V F H X I
A S Y E U D N Z K N G F D B O U W F E J X
P C N C L W Q N O O H I Q R X R H R I Q W
```

blood test (three words)	injection	operation
anesthesia	consultation	treatment
prescription	medication	emergency
medical exam	antibiotic	(cough) syrup
pill	Band-Aid	counseling
	bandage	

Devinette: Qui faut-il voir? Nommez le spécialiste qu'il faut consulter dans chacun des cas suivants. *Name the specialist to consult in each of the following cases.*

1. _____ On a un cancer.

2. _____ On ne voit pas bien.

3. _____ On a des troubles mentaux.

4. _____ On a une crise cardiaque.

5. _____ On a un mouvement convulsif comme un tic.

6. _____ On a de l'acné.

7. _____ On a besoin de parler de ses problèmes.

8. _____ On a des douleurs à la nuque.

9. _____ On va avoir un bébé.

10. _____ On a mal aux dents.

Le mot mystère: Les urgences Traduisez chaque mot de l'anglais en français pour découvrir le mot mystère. *Translate each word from English to French and discover the mystery word.*

1. *care* ▓ o __ __

2. *room* s __ __ __ ▓

3. *physician* __ é __ e ▓ __ n

4. *operation* ▓ p __ r __ __ i __ __

5. *emergency* ▓ r __ __ n __ e

6. *male nurse* __ n __ __ ▓ m __ e __ r

7. *female nurse* i __ __ ▓ r m __ è __ e

8. *rescue* ▓ __ __ o __ r __

9. *kit* ▓ r __ __ s __ __

10. *(blood) test* a __ __ l __ s ▓

Le mot mystère: _____

EXERCICE

11·10

La soupe aux syllabes: Les maladies sérieuses Reconstituez chaque mot à l'aide des syllabes qu'on vous donne. Devinez les mots apparentés. *Reconstitute each word with the syllables provided. Guess the cognates.*

1. cer/can _____

2. bè/dia/te _____

3. sion/per/hy/ten _____

4. pi/é/sie/lep _____

5. sion/pres/dé _____

6. tis/au/me _____

7. se/thro/ar _____

8. te/hé/ti/pa _____

Les études

Studies

VOCABULAIRE

Vocabulaire utile

Les étapes scolaires

élémentaire	*elementary*
jardin (m) d'enfants	*kindergarten*
maternelle (f)	*kindergarten*
moyen(ne)	*intermediary*
première (f)	*junior year*
préparatoire	*preparatory*
primaire	*primary*
secondaire	*secondary*
seconde (f)	*sophomore year*
supérieur(e)	*superior*
terminale (f)	*senior year*

Les établissements scolaires

Beaux-Arts	*(school of) fine arts*
collège (m)	*middle school*
école (f)	*school*
école normale (f)	*institute of higher education*
grande école (f)	*elite university*
laïque (m/f)	*lay*
libre (m/f)	*independent*
lycée (m)	*high school*
privé(e)	*private*
public (-que)	*public*
université (f)	*university*

Les matières et les cours

algèbre (f)	*algebra*
anatomie (f)	*anatomy*
art (m)	*art*
biologie (f)	*biology*
calcul (m)	*calculation*
chant (m)	*singing*
chimie (f)	*chemistry*
cours (m)	*course*
danse (f)	*dance*
dessin (m)	*drawing*
dissertation (f)	*essay*
écriture (f)	*writing skill*
éducation (f) physique	*physical education*
géographie (f)	*geography*
géométrie (f)	*geometry*
grammaire (f)	*grammar*
gymnastique (f)	*gymnastics*
histoire (f)	*history*
informatique (f)	*computer science*
instruction civique (f)	*civic instruction*
langue (f)	*language*
lecture (f)	*reading*

Les fournitures et les activités scolaires

calculatrice (f)	*calculator*
carte (f)	*map*
classeur (m)	*binder*
contrôle (m)	*test*
corriger	*to correct*
crayon (m)	*pencil*
demander	*to ask*
dictionnaire (m)	*dictionary*
échouer	*to fail*
écouter	*to listen*
écrire	*to write*
examen (m)	*exam*
expliquer	*to explain*
feuille (f)	*sheet*
feutre (m)	*marker*
gomme (f)	*eraser*
interrogation (f)	*quiz*
lire	*to read*
livre (m)	*book*
note (f)	*grade*
ordinateur (m)	*computer*
papier (m)	*paper*

Les matières et les cours (cont.)

mathématiques (fpl)	*mathematics*
musique (f)	*music*
orthographe (f)	*spelling*
philosophie (f)	*philosophy*
physique (f)	*physics*
plein air	*outdoor*
psychologie (f)	*psychology*
rédaction (f)	*composition*
travail (m) manuel	*arts and crafts*
trigonométrie (f)	*trigonometry*
vocabulaire (m)	*vocabulary*

Les enseignants et les apprenants

apprenant/apprenante (m/f)	*learner*
apprendre	*to learn*
directeur/directrice (m/f)	*director/principal*
élève (m/f)	*pupil*
enseignant/enseignante (m/f)	*instructor*
enseigner	*to teach*
étudiant/étudiante (m/f)	*student*
instituteur/institutrice (m/f)	*teacher*
instructeur/instructrice (m/f)	*instructor*
lycéen/lycéenne (m/f)	*high school student*
professeur (m/f)	*professor*
surveillant/surveillante (m/f)	*supervisor*

Le langage académique

admis(e)	*admitted*
baccalauréat/bac (m)	*high school exam/ diploma*
bourse (f)	*scholarship*
concours (m)	*entrance examination*
diaporama (m)	*online slide presentation*
diplôme (m)	*diploma*
études (f)	*studies*
exposé (m)	*presentation*
faculté/fac (f)	*university school*
prix (m)	*prize*
promu(e)	*promoted*
redoubler	*to take (class) over*
remise (f) des diplômes	*graduation*
rentrée (f)	*first day of school*
suivre un cours	*to take a class*

Les fournitures et les activités scolaires (cont.)

participer	*to participate*
passer un examen	*to take an exam*
prendre des notes	*to take notes*
progrès (m)	*progress*
projecteur (m)	*projector*
pupitre (m)	*pupil's desk*
règle(f)	*ruler*
répondre	*to answer*
réussir	*to succeed/pass*
sac (m) à dos	*backpack*
stylo (m)	*pen*
surligneur (m)	*highlighter*

Les filières de la formation professionnelle

aéronautique (f)	*aeronautics*
bâtiment (m)	*construction*
commerce (m)	*business*
comptabilité (f)	*accounting*
cosmétologie (f)	*cosmetology*
formation (f)	*training*
haute couture (f)	*fashion design*
hôtellerie (f)	*hotel services*
informatique (f)	*computer science*
terre (f) et nature (f)	*forestry and landscaping*
transport (m)	*transportation*
vente (f) et gestion (f)	*sales and management*

Mots cachés: Les étapes scolaires Trouvez les traductions françaises des mots suivants qui sont cachés dans la grille, horizontalement, verticalement ou en diagonal. *Find the French translations of the following words that are hidden in the puzzle horizontally, vertically, or diagonally.*

```
S U P L M U X H U V B J U U L N J R P
H T N M Z Q P W S E C O N D A I R E R
T Q X R V E L C E K H T O H J G D M É
Q F P M J K Q K C T G R B T X T X N P
E L S V P C O A O X Q J U V M Q E E A
E E Y G P A D C N Y M J N N H Y J F R
E F U D N R N W D P E H I A O F E B A
F O P B M K I X E L M D V M V W B E T
Z M R F J L N M O H H A E H H H Z N O
A I A Q X G R C A B G L R O B P L X I
X T V T R F É Y D I C P S G S J Y S R
Y L J S E E J H I Y R S I R H N C Q E
M C I O D R B K C M S E T A S U É U W
S W W N U Q N Q O M T Q É A T D E C Z
S A A R C U E E L N X E J M A B F Z R
M R S Z Z C C K L J Z G H I D N N B B
G F D D P X S Y È L T E R M I N A L E
K E O M E N R J G A E Y F X S M U D B
V F W Y F L P R E M I È R E U J V I I
```

kindergarten

primary

sophomore year

high school

university

elite university (two words)

preparatory

secondary

senior year

junior year

intermediary cycle (two words)

middle school

Matching: L'âge moyen de la scolarité Écrivez la lettre qui correspond à l'âge moyen d'une personne pour chaque établissement. *Write the letter that corresponds to the average age of a person for each institution.*

1. _____ l'université   a. 3–5 ans

2. _____ l'école normale   b. 5–10 ans

3. _____ le lycée   c. 11–14 ans

4. _____ la maternelle   d. 15–18 ans

5. _____ le collège   e. plus de 18 ans

6. _____ l'école élémentaire

7. _____ la grande école

8. _____ la terminale

La soupe aux syllabes: Les cours et les matières Remettez les syllabes dans l'ordre pour épeler le mot français qui traduit chaque mot anglais. *Unscramble the syllables to spell the French word that translates each English word.*

1. *computer science*   ma/in/que/for/ti _____

2. *chemistry*   mie/chi _____

3. *writing*   tu/é/re/cri _____

4. *spelling*   phe/or/gra/to _____

5. *trigonometry*   mé/no/tri/go/trie _____

6. *grammar*   re/gram/mai _____

7. *reading*   tu/re/lec _____

8. *vocabulary*   bu/vo/lai/re/ca _____

9. *composition*   tion/dac/ré _____

10. *history*   re/toi/his _____

Mots cachés: Les fournitures scolaires Trouvez les traductions françaises des mots suivants qui sont cachés dans la grille, horizontalement, verticalement ou en diagonal. *Find the French translations of the following words that are hidden in the puzzle horizontally, vertically, or diagonally.*

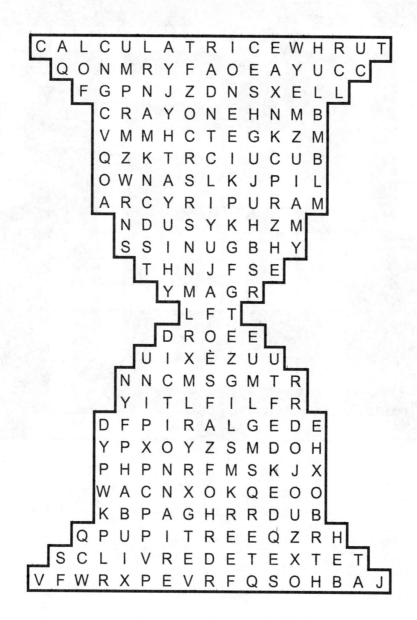

```
C A L C U L A T R I C E W H R U T
Q O N M R Y F A O E A Y U C C
  F G P N J Z D N S X E L L
    C R A Y O N E H N M B
    V M M H C T E G K Z M
    Q Z K T R C I U C U B
    O W N A S L K J P I L
    A R C Y R I P U R A M
      N D U S Y K H Z M
      S S I N U G B H Y
        T H N J F S E
          Y M A G R
            L F T
          D R O E E
          U I X È Z U U
          N N C M S G M T R
          Y I T L F I L F R
        D F P I R A L G E D E
        Y P X O Y Z S M D O H
        P H P N R F M S K J X
        W A C N X O K Q E O O
        K B P A G H R R D U B
      Q P U P I T R E E Q Z R H
    S C L I V R E D E T E X T E T
    V F W R X P E V R F Q S O H B A J
```

ruler	marker	eraser
pen	dictionary	computer
paper	textbook (three words)	desk
binder		map
calculator	highlighter	pencil

Mots croisés: Les activités scolaires Servez-vous des traductions des mots anglais pour remplir la grille. *Use the translations of the English words to solve this puzzle.*

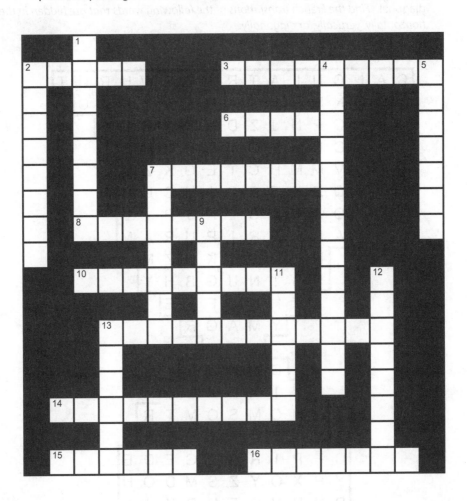

Horizontalement (*Across*)

2. *singing*

3. *to explain*

6. *debate*

7. *outdoor* (activity)

8. *to answer*

10. *to learn*

13. *essay*

14. *discussion*

15. *language*

16. *to fail*

Verticalement (*Down*)

1. *to calculate*

2. *to correct*

4. *quiz*

5. *to pass* (exams)

7. *progress*

9. *dance*

11. *exam*

12. *test*

13. *drawing*

Le mot mystère: La formation professionnelle Traduisez chaque mot de l'anglais en français pour découvrir le mot mystère. *Translate each word from English to French and discover the mystery word.*

1. *cosmetology* ▢ o __ m __ __ __ __ o __ __ __
2. *design* __ ▢ u t __ r __
3. *business* __ o __ ▢ e __ __ e
4. *transportation* t __ __ __ s ▢ o __ t
5. *land* ▢ e __ __ e
6. *nature* __ ▢ __ u __ __
7. *construction* ▢ â __ i __ e __ __
8. *computer science* __ __ f __ __ m __ t ▢ __ u __
9. *hotel services* __ __ t __ __ ▢ e __ __ __
10. *agriculture* a __ r ▢ c __ __ t __ r __
11. *sales* __ e __ ▢ __
12. *aeronautics* a ▢ __ o __ __ u __ __ q __ __

Le mot mystère: _____

Choix multiples: Les options académiques Choisissez la meilleure réponse, pas la plus drôle. *Choose the best response, not the funniest.*

1. Marc veut aller à l'université de sa ville. Il doit…
   a. faire sa formation d'électricien.
   b. passer un concours d'entrée.
   c. réussir au baccalauréat.
   d. finir tous ses cours du cycle moyen.

2. Marie-Anne veut devenir femme d'affaires. Elle devrait…
   a. faire un stage «Terre et nature».
   b. être surveillante dans un lycée.
   c. enseigner un cours d'informatique.
   d. suivre des cours de vente et de gestion.

3. Jean-Michel veut aller dans un lycée privé assez cher. Il voudrait…
   a. une bourse.
   b. une rentrée.
   c. un concours.
   d. un stage.

4. Chloé est en deuxième année de fac à l'université. Elle compte obtenir...
   a. un certificat d'études secondaires.
   b. un diplôme d'études supérieures.
   c. un prix Nobel.
   d. une admission en fac.

5. Sophie et Tanya sont au collège. Elles ne font pas encore...
   a. de philosophie.
   b. d'algèbre.
   c. de calcul.
   d. de dessin.

6. Rémy a quatre ans. Il adore...
   a. le chant.
   b. les mathématiques.
   c. la biologie.
   d. la psychologie.

7. Hélène a eu de bonnes notes cette année en seconde.
   a. Elle doit redoubler cette année.
   b. Elle est promue en première.
   c. Elle doit passer un concours pour avancer.
   d. Elle va obtenir un diplôme de fin d'études.

8. Philippe a réussi au bac. Il veut aller à une grande école.
   a. Il va envoyer ses résultats du bac au directeur de cette école.
   b. Il va se préparer au concours d'entrée de cette école.
   c. Il va faire une formation professionnelle en informatique.
   d. Il va simplement se présenter à cette école à la rentrée des classes.

EXERCICE 12·8

Devinette: Qui est cette personne célèbre? Remplissez chaque trou avec le mot français approprié pour découvrir qui est cette personne célèbre. *Fill in each blank with the appropriate French word to discover who this famous person is.*

Comme jeune garçon, il est allé à plusieurs _____ (*schools*). Mais c'était

un très mauvais _____ (*pupil*) avec des _____

(*grades*) médiocres. Il a même échoué à beaucoup d'_____ (*exams*).

Mais il a finalement obtenu son _____ (*diploma*) de fin

d'études _____ (*secondary*) en Suisse. Puis il a été _____

(*admitted*) à l'université de Zurich. Il a fait des _____ (*studies*) de

physique. Il a continué d'_____ (*to teach*) en Europe jusqu'en 1930. En

1940 il a émigré aux États-Unis et il est devenu _____ (*professor*) à

Princeton. Il est surtout connu pour ses théories sur la relativité.

Cette personne célèbre est _____

Devinez! Qui dit cela à l'école? Essayez de deviner qui dit chaque phrase, le professeur (P) ou l'étudiant (E)! *Try to guess who says each sentence, the teacher (write P) or the student (write E)!*

1. _____ Corrigez vos fautes!

2. _____ J'ai une question.

3. _____ Je ne comprends pas cette leçon.

4. _____ Je vais vous enseigner une nouvelle formule.

5. _____ Je voudrais une réponse, s'il vous plaît.

6. _____ Allez voir le directeur!

7. _____ Encore un contrôle!

8. _____ Je vous félicite! Vous avez bien réussi.

9. _____ J'ai échoué à l'interrogation. Zut!

10. _____ C'est bientôt la rentrée! Je vais revoir mes copains.

Le jeu des intrus: L'instruction Trouvez le mot qui ne correspond pas à la catégorie. *Find the word that does not belong in the category.*

1. **les sciences**: la physique, la grammaire, la science naturelle, la biologie

2. **les langues**: l'orthographe, le vocabulaire, la dissertation, le dessin

3. **l'éducation physique**: la gymnastique, le plein-air, la gomme, la course

4. **les sciences sociales**: la feuille, la géographie, l'histoire, l'instruction civique

5. **les mathématiques**: la géométrie, l'algèbre, la lecture, la trigonométrie

6. **les fournitures**: le classeur, le stylo, le surligneur, la surveillante

7. **les écoles**: la maternelle, la règle, le lycée, le collège

8. **les bonnes activités scolaires**: prendre des notes, apprendre, faire des progrès, échouer

Devinette: Quelles études ont-ils faites? Trouvez le mot qui décrit probablement le mieux les études faites par chacune des personnes suivantes. *Find the word that most likely describes the studies done by each of the following people.*

1. _____ Jean est psychothérapeute. Il a étudié...

2. _____ Monique est juriste. Elle a étudié...

3. _____ Claude écrit des livres de fiction. Il a étudié...

4. _____ Jacques fait de la sculpture. Il a étudié...

5. _____ Marie est interne et écrit des articles pour un quotidien. Elle a étudié...

6. _____ Pierre enseigne un cours de géométrie. Il a étudié...

7. _____ Antoine donne des cours de violon. Il a étudié...

8. _____ Aïcha présente les nouvelles à la télévision tous les jours. Elle a étudié...

a. le journalisme.

b. la musique.

c. la littérature.

d. les mathématiques.

e. le droit.

f. la psychologie.

g. les beaux-arts.

Devinette: Quelle est la préférence de chacun? Trouvez le mot qui décrit le type de présentation que chacun des lycéens suivants préfère. *Find the word that describes the type of presentation that each of the following high school students prefers.*

1. _____ Omar aime les activités ludiques et il veut amuser ses camarades même quand il doit leur présenter un sujet.

2. _____ Madeleine adore travailler à l'ordinateur et aime illustrer tout ce qu'elle fait avec des images, des sons et des animations.

3. _____ Rémy aime rechercher, collectionner et organiser les documents.

4. _____ Lili préfère avant tout faire des travaux manuels et bricoler.

5. _____ Claire n'est pas timide. Elle adore parler et engager son public.

6. _____ Thomas est un peu intraverti. Il préfère travailler seul et il écrit très bien.

a. un diaporama

b. un exposé oral

c. un essai

d. un jeu

e. un portfolio

f. un projet

Le monde du travail et des affaires

The work and business world

VOCABULAIRE

Vocabulaire utile

Métiers du commerce

artisan (m)	artisan
boucher/bouchère (m/f)	butcher
boulanger/boulangère (m/f)	baker
carreleur (m)	tile layer
coiffeur/coiffeuse (m/f)	hair stylist
commerçant/commerçante (m/f)	storekeeper
couturier/couturière (m/f)	dressmaker/designer
couvreur (m)	roofer
dépanneur (m)	tow truck operator
électricien/électricienne (m/f)	electrician
entrepreneur/entrepreneuse (m/f)	entrepreneur
ingénieur (m)	engineer
joailler/joaillère (m/f)	jeweler
maçon (m)	bricklayer
mécanicien/mécanicienne (m/f)	mechanic
menuisier (m)	carpenter
ouvrier/ouvrière (m/f)	worker
pâtissier/pâtissière (m/f)	pastry chef
peintre (m/f)	painter
plombier (m)	plumber

Métiers du service-clientèle

agent (m) d'accueil	customer service agent
barman (m)	bartender
caissier/caissière (m/f)	cashier
chauffeur (m)	driver
chef (m)	chef
conseiller/conseillère (m/f)	counselor/advisor
cuisinier/cuisinière (m/f)	cook
gestionnaire (m/f)	service manager
guide (m/f)	guide
hôtesse (f) de l'air	flight attendant
maître (m) d'hôtel	maitre d'
pilote (m/f)	pilot
réceptionniste (m/f)	receptionist
responsable (m/f)	agent in charge
serveur/serveuse (m/f)	waiter/waitress
sommelier (m)	sommelier
steward (m)	flight attendant
téléconseiller/téléconseillère (m/f)	call center agent
vendeur/vendeuse (m/f)	salesperson

Occupations scientifiques et techniques

aide-soignant(e)	nurse's aide
ambulancier (m)	ambulance driver
assistant(e) dentaire	dental hygienist
astronaute (m/f)	astronaut
chercheur/chercheuse (m/f)	researcher
chirurgien/chirurgienne (m/f)	surgeon

Sociétés

agence immobilière (f)	real estate agency
assurance (f)	insurance
banque (f)	bank
cabinet (m) juridique	law practice
cabinet (m) médical	medical practice
centre (m) de rééducation	rehabilitation center
centre (m) de santé	health center

Occupations scientifiques et techniques (cont.)

contrôleur aérien/contrôleuse aérienne (m/f)	*air controller*
diététicien/diététicienne (m/f)	*dietitian*
infirmier/infirmière (m/f)	*nurse*
informaticien/informaticienne (m/f)	*computer specialist*
ingénieur (m)	*engineer*
médecin (m)	*physician*
orthodontiste (m/f)	*orthodontist*
programmeur/programmeuse (m/f)	*computer programmer*
puéricultrice (f)	*pediatric nurse*
radiologue (m/f)	*X-ray specialist*
sage-femme (f)	*midwife*
technicien/technicienne (m/f)	*technician*

Sociétés (cont.)

clinique (f)	*clinic*
compagnie (f) de l'électricité	*electric company*
entreprise (f)	*firm*
firme (f)	*firm*
industrie (f)	*manufacturing*
institution (f) financière	*financial institution*
laboratoire (m) d'analyses	*clinical lab*
société (f) pétrolière	*oil company*
urgences (fpl)	*emergency room*
usine (f)	*factory*

Travail

agréable	*pleasant*
atelier (m)	*workshop*
bureau (m)	*office*
chantier (m)	*field/site*
collaboratif (-ve)	*collaborative*
commerce (m)	*business*
dangereux (-se)	*dangerous*
ennuyeux (-se)	*boring*
immeuble (m)	*building*
fatigant(e)	*tiring*
lucratif (-ve)	*lucrative*
motivant(e)	*motivating*
passionnant(e)	*exciting*
professionnel(le)	*professional*
rémunéré(e)	*remunerated*
répétitif (-ve)	*repetitive*
stable	*secure*
stimulant(e)	*stimulating*
stressant(e)	*stressful*
temporaire	*temporary*

Qualifications et compétences

astucieux (-se)	*ingenious*
bénévole	*volunteer*
bien/mal formé(e)	*well/badly trained*
communicateur/communicatrice (m/f)	*communicator*
coopératif (-ve)	*cooperative*
créatif (-ve)	*creative*
fiable	*trustworthy*
habileté (f) interpersonnelle	*interpersonal skill*
(in)expérimenté(e)	*(in)experienced*
instruit(e)	*educated*
mission (f)	*mission*
missionnaire (m/f)	*missionary*
non-salarié(e)	*unpaid*
œuvre charitable (f)	*charity work*
performant(e)	*productive*
respectueux (-se)	*respectful*
stage (m)	*training*
stagiaire (m/f)	*person in training*
temps partiel (m)	*part-time*
volontaire	*volunteer*

Les droits des travailleurs

accord (m)	*agreement*
augmentation (f)	*raise*
chômage (m)	*unemployment*
chômeur/chômeuse (m/f)	*unemployed person*
compromis (m)	*compromise*
congé (m) payé	*paid vacation*
démission (f)	*resignation*
grève (f)	*strike*
indemnité (f)	*severance pay*
licenciement (m)	*layoff*
manifestation (f)	*protest*
médiateur/médiatrice (m/f)	*mediator*
négociation (f)	*negotiation*
revendication (f)	*demand*
salaire (m)	*salary*
salarié/salariée (m/f)	*wage earner*
syndicat (m)	*union*

Mots croisés: Les métiers du commerce Servez-vous de chaque définition pour remplir la grille. Devinez les mots apparentés. *Use each definition to solve this puzzle. Guess the cognates.*

Horizontalement (*Across*)

5. *Ce monsieur vous fait des tables, des chaises et d'autres choses en bois.*

8. *Cette dame va peindre les murs dans votre nouvelle maison.*

9. *Ce monsieur installe et répare les toits.*

10. *Cette dame a un commerce.*

11. *Ce monsieur fait de délicieux gâteaux.*

12. *Ce monsieur vous fait des réparations quand vous avez des problèmes d'eau.*

Verticalement (*Down*)

1. *Cette dame vous modifie ou vous fait des bijoux.*

2. *Ce monsieur pose des carreaux dans les salles de bains par exemple.*

3. *Cette dame vous coiffe les cheveux.*

4. *Ce monsieur travaille avec les briques.*

6. *Ce monsieur vous installe des câbles électriques.*

7. *Cette dame vous assiste avec des problèmes de voiture.*

Devinette: Le service est-il bon? Ecrivez V (vrai) si le service est bon et F (faux) s'il ne l'est pas. *Write V if the service is good and F if it is not.*

1. _____ La téléconseillère ne dit pas bonjour et ne peut pas répondre à vos questions.

2. _____ Le steward vous sert seulement un verre d'eau et ne revient pas.

3. _____ Le gestionnaire de votre service vous demande souvent si tout va bien et offre son aide.

4. _____ Le pâtissier vous laisse goûter sa nouvelle création.

5. _____ La commerçante ferme la porte de la boutique juste quand vous arrivez.

6. _____ Le boucher ne porte pas de gants quand il coupe la viande.

7. _____ L'artisan vous dit de prendre votre temps.

8. _____ La joaillère vous permet d'essayer tous les bijoux qui vous plaisent.

9. _____ Le chauffeur dit que votre pourboire n'est pas suffisant.

10. _____ Le barman met le doigt dans votre verre.

11. _____ La cuisinière ne se couvre pas les cheveux quand elle travaille.

12. _____ La conseillère est impatiente avec vous.

Mots cachés: Occupations scientifiques et techniques Trouvez les traductions françaises des mots suivants qui sont cachés dans la grille, horizontalement, verticalement ou en diagonal. *Find the French translations of the following words that are hidden in the puzzle horizontally, vertically, or diagonally.*

```
A O R T H O D O N T I S T E O Q D X Q F V
P S Y X K L P L P L Q K E V B T H J G K S
D P S J P H P G K N L P C J K R C M R E V
Y E O I O S R R J L E A H A U X D J C R S
I O N I S H C W K H Y D N Q K P P O B X H
K P I R T T J Z P Q P R I T D O Q V P L E
K P X R I Q A A T Z X I C N R R B D O O S
D I N M O N R N T E R U I M N K G L U N B
B Z M Z K G F E T S C I E N T I F I Q U E
E A V B O O A O C D Q C N S W L E M E S S
I I R I G I C Q R E E B X R Z R C T F X E
S Q D N V T V B N M W N R Y E M U D I Z D
B A Q C T Q Y H C E A E T O G A W Q N Z H
R P D S S K X I H F R T R A N P V E G B C
P R O G R A M M E U S E I O I G R I É S S
X A D J I N F I R M I E R C R R K C N F C
L O I V V V T P C U A T P B I O E E I S E
V V Q S L M D W H E S V S C N E I E E X N
G M O L V E T L E A F W S Q J D N T U V Z
R G T O U S V K U V Q E U K I G O N R Z P
O P W E C O N T R Ô L E U R A É R I E N S
```

male engineer	male dental hygienist (two words)	male researcher
male nurse		female computer specialist
female programmer	female astronaut	male lab technician
male X-ray specialist	female scientist	
	male air controller	male orthodontist

Jeu des antonymes: Le travail Identifiez le mot qui signifie le contraire de chaque mot présenté et écrivez la lettre correspondante sur la ligne appropriée. *Identify the word that means the opposite of each word presented, and write the corresponding letter on the appropriate line.*

1. _____ passionnant   a. bureau

2. _____ temporaire   b. mal payé

3. _____ collaboratif   c. salarié

4. _____ chantier   d. permanent

5. _____ lucratif   e. satisfait

6. _____ professionnel   f. cuisinier

7. _____ cadre   g. usine

8. _____ stressé   h. ennuyeux

9. _____ atelier   i. individuel

10. _____ chef   j. manuel

Matching: Où travaillent-ils? Ecrivez la/les lettre(s) du site de travail le plus probable pour chacun des professionnels suivants. *Write the letter(s) of the most probable workplace for each of the following professionals.*

1. _____ la sage-femme   a. un laboratoire

2. _____ l'ambulancier   b. un cabinet médical

3. _____ le contrôleur aérien   c. une maison

4. _____ la diététicienne   d. un aéroport

5. _____ la puéricultrice   e. un centre spatial

6. _____ le radiologue   f. une clinique

7. _____ l'astronaute   g. un véhicule

8. _____ l'ingénieur   h. un bureau

Mots cachés: Les sociétés Trouvez les traductions françaises des mots suivants qui sont cachés dans la grille, horizontalement, verticalement ou en diagonal. *Find the French translations of the following words that are hidden in the puzzle, horizontally, vertically, or diagonally.*

```
P X Z R Y B E O K B Y A B É C L X I L
F M K T Z Z V N Q I B P T V Z S E W T
C S F I H B Z Q G E A N Q G T S C A F
I M F B T Z X X M J A T M M I E K B A
W K B R S V U E E S Y K V R É G K F X
J W Y S X Y Z C E X Q I P T E J S D D
G Q G X Q C N D E P C E I Q L K R F I
N F S C K A E I G É R C Z B A W O Z E
S Y T K R R R T K T I W M U B A U I A
Q M M U T T Y F N R F E W Q O J N T T
N J S N S F J E T O V Z D R R G B E E
C S E U J A K C D L P T V D A Z S R C
A C D E U S E F T I O N Q P T W X J Y
B N T U G L H S B È A D M R O U G J K
I F A X É H R Z R K O R Q I S W G O
N C J J X I U N D E C V L W R I R U I
E S P R L H T C J Q I G S E E N H E Z
T Q R A I D E H B O T E Z Y G E K K D
A G E N C E I M M O B I L I È R E E E
```

company   real estate company (two words)

firm   lab

practice   health center (three words)

oil company   electricity

factory   manufacturing

insurance

Le mot mystère: Les conditions de travail Traduisez chaque mot de l'anglais en français pour découvrir le mot mystère. *Translate each word from English to French and discover the mystery word.*

1. *construction site* ▓ h __ __ t __ e __

2. *trade/business* c ▓ __ m __ r __ __

3. *workshop* __ __ e ▓ i __ __

4. *lucrative* ▓ __ c __ a __ __ f

5. *pleasant* __ g __ __ ▓ b __ e

6. *secure* __ t __ ▓ l __

7. *exciting* __ a __ __ __ ▓ n n __ n __

8. *stressful* __ t ▓ e __ __ a __ t

9. *tiring* f ▓ t __ g __ __ __

10. *stimulating* __ ▓ i __ u __ __ n __

11. *repetitive* __ é __ é __ ▓ t __ f

12. *motivating* __ o __ i ▓ a __ __

13. *temporary* __ ▓ m __ o __ __ i __ e

Le mot mystère: _____

Jeu des intrus: Les emplois Identifiez ce qui ne correspond pas à la catégorie présentée au début de chaque ligne. *Identify what does not correspond to the category presented at the beginning of each line.*

1. **la technologie** l'industrie solaire, l'agence immobilière, l'industrie pétrolière, le laboratoire d'analyses médicales

2. **la santé** l'assistante juridique, l'aide-soignante, la pédiatre, la radiologue

3. **la communication** la secrétaire, le journaliste, le technicien de laboratoire, le gestionnaire du service accueil

4. **le bénévolat** l'œuvre charitable, le missionnaire, le non-salarié, la puéricultrice

5. **l'enseignement** l'institutrice, l'ambulancier, l'instructeur, l'enseignante

6. **l'espace** l'ingénieur spatial, le steward, l'informaticien, l'astronaute

7. **le service-clientèle** l'agent d'accueil, la téléconseillère, la guide, le contrôleur de l'air

8. **le commerce** le boucher, le pâtissier, l'infirmier, le restaurateur

Choix multiples: Les compétences Choisissez la meilleure réponse. *Choose the best response.*

1. Jacques est un excellent assistant-dentaire.
   a. Il est bien formé et instruit.
   b. Il est respectueux mais impatient.
   c. Il est inexpérimenté et hésitant.
   d. Il est bénévole mais incompétent.

2. Une société électronique a un poste d'informaticien vacant. Elle cherche un(e) candidat(e) avec une grande habileté interpersonnelle pour...
   a. accueillir les clients.
   b. travailler sur les logiciels.
   c. amuser les collègues.
   d. motiver le patron.

3. Jeanne cherche un travail qui n'est pas stressant. Le meilleur travail pour elle sera probablement celui...
   a. d'aide-soignante aux urgences.
   b. de vendeuse d'assurances, payée selon le nombre de clients.
   c. de secrétaire dans une petite banque.
   d. de contrôleuse de l'air.

4. Une agence immobilière cherche un(e) employé(e) avec des connaissances sur...
   a. les institutions financières.
   b. les analyses médicales.
   c. les immeubles commerciaux.
   d. l'enseignement.

5. Un menuisier cherche un apprenti qui a déjà fait...
   a. un stage dans une fabrique de meubles.
   b. du commerce.
   c. du travail de télécommunication.
   d. des études de physique.

6. Jean voudrait travailler pour une société pétrolière. Il est bien qualifié parce qu'il...
   a. n'aime pas le travail fatigant.
   b. a un diplôme d'ingénieur.
   c. est agréable avec tout le monde.
   d. a travaillé dans une usine toute sa vie.

Devinette: Compétence ou handicap? Trouvez un adjectif pour décrire la compétence ou le handicap de chaque personne dans le monde du travail. *Find an adjective to describe the skill or handicap of each person in the workplace.*

1. It trouve toujours une solution à un problème. Il est _____.

2. Elle n'a pas fini son apprentissage. Elle est _____.

3. Tout le monde l'écoute. Elle est très bonne _____.

4. Il prend son temps pour tout et n'obtient pas de résultats. Il n'est pas très _____

_____.

5. Elle travaille bien en équipe. Elle est très _____.

6. Il a une imagination fertile et beaucoup d'idées nouvelles. Il est _____

_____.

7. Elle n'a jamais travaillé. Elle est _____.

8. Il est extrêmement poli et _____ envers ses collègues.

La soupe aux syllabes: Les droits des travailleurs Reconstituez chaque mot à l'aide des syllabes qu'on vous donne. *Reconstitute each word with the syllables provided.*

1. re/lai/sa _____

2. cen/li/ment/cie _____

3. se/chô/meu _____

4. mis/pro/com _____

5. tri/mé/ce/dia _____

6. sion/mis/dé _____

7. tion/aug/ta/men _____

8. tion/ven/ca/di/re _____

9. tion/ni/ma/ta/fes _____

10. té/dem/in/ni _____

Histoire vraie: Les grèves en France Remplissez chaque trou avec le mot français approprié. *Fill in each blank with the appropriate French word.*

En France tous les travailleurs ont des droits individuels et _____

(*collective*). Ils sont généralement représentés par un _____ (*union*).

S'ils ne sont pas satisfaits des conditions de travail, ils font des _____

(*demands*) auprès de leurs patrons. Tous les travailleurs _____

(*on a salary*) ont une voix et peuvent entrer en _____ (*negotiations*)

avec les patrons. Souvent on cherche et on trouve un _____

(*compromise*) entre les deux partis. Mais si on ne peut pas se mettre d'accord, on a

le _____ (*right*) de faire des _____

(*protests*), soit pour des _____ (*raises*) de salaire soit pour des

_____ (*paid holidays*) par exemple. C'est pour cela qu'il y a souvent

des grèves en France!

Le temps, les mesures et les quantités

Time, measurements, and quantities

VOCABULAIRE

Vocabulaire utile

Des mesures

après-midi (m)	*afternoon*
balance (f)	*scale*
bas(se)	*low*
bout (m) de temps	*awhile*
centimètre (m)	*centimeter*
contenu (m)	*content*
court(e)	*short*
énorme	*enormous*
éternité (f)	*eternity*
grand(e)	*tall/high*
grandeur (f)	*dimension*
hauteur (f)	*height*
heure (f)	*hour/o'clock*
kilomètre (m)	*kilometer*
largeur (f)	*width*
léger (-ère)	*light*
longueur (f)	*length*
lourd(e)	*heavy*
matin (m)	*morning*
mètre (m)	*meter*
midi	*noon*
millimètre (m)	*millimeter*
minuit	*midnight*
minuscule	*tiny*
petit(e)	*small*
poids (m)	*weight*
pointure (f)	*shoe size*
profond(e)	*deep*
soir (m)	*evening*
taille (f)	*size*

Des noms pour approximer

dizaine (f)	*about ten*
douzaine (f)	*about twelve*
quinzaine (f)	*about fifteen*
vingtaine (f)	*about twenty*
trentaine (f)	*about thirty*
quarantaine (f)	*about forty*
cinquantaine (f)	*about fifty*
soixantaine (f)	*about sixty*
centaine (f)	*about one hundred*
millier (m)	*about one thousand*
million (m)	*one million*
milliard (m)	*one billion*

Les instruments de mesure

balance (f)	*scale*
burette (f)	*measuring can*
cadran (m) solaire	*sundial*
compass (m)	*compass*
horloge (f)	*clock*
mètre (m)	*measuring tape or stick*
montre (f)	*watch*
pipette (f)	*glass tube*
règle (f)	*ruler*
tonneau (m)	*barrel*

Quantités mesurables

boîte (f)	*can*
bouchée (f)	*mouthful*
bouteille (f)	*bottle*

Adverbes et adjectifs de quantité

assez	*enough*
aucun(e)	*none*
autant	*as much/as many*

Quantités mesurables (cont.)

carré (m)	*square piece*
cuillerée (f)	*spoon*
demi(e)	*half*
goutte (f)	*drop*
grain (m)	*grain/speck*
gramme (m)	*gram*
kilogramme (m)	*kilogram*
(centi)litre (m)	*(centi)liter*
livre (f)	*pound*
moitié (f)	*half*
morceau (m)	*chunk*
once (f)	*ounce*
paire (f)	*pair*
paquet (m)	*pack/bag*
pincée (f)	*pinch*
poignée (f)	*fistful*
pot (m)	*jar/container*
pourcentage (m)	*percentage*
quart (m)	*quart*
sachet (m)	*packet*
tablette (f)	*bar (chocolate)*
tasse (f)	*cup*
tiers (m)	*third*
tonne (f)	*ton*
tranche (f)	*slice*
verre (m)	*glass*

Adverbes et adjectifs de quantité (cont.)

beaucoup	*a lot*
encore	*still/more*
environ	*about*
excessivement	*excessively*
moins	*less*
peu	*little*
plupart	*most*
plus du tout	*no more*
plus	*more*
plusieurs	*several*
précisément	*precisely*
quelque (*singular*)	*some*
quelques	*a few*
suffisamment	*sufficiently*
tant	*so much/so many*
trop	*too much/too many*
un peu	*a little*

Les nombres

un/premier	*one/first*
deux/deuxième	*two/second*
trois/troisième	*three/third*
quatre/quatrième	*four/fourth*
cinq/cinquième	*five/fifth*
six/sixième	*six/sixth*
sept/septième	*seven/seventh*
huit/huitième	*eight/eighth*
neuf/neuvième	*nine/ninth*
dix/dixième	*ten/tenth*
onze/onzième	*eleven/eleventh*
douze/douzième	*twelve/twelfth*
treize/treizième	*thirteen/thirteenth*
quatorze/quatorzième	*fourteen/fourteenth*
quinze/quinzième	*fifteen/fifteenth*
seize/seizième	*sixteen/sixteenth*
dix-sept/dix-septième	*seventeen/seventeenth*
dix-huit/dix-huitième	*eighteen/eighteenth*
dix-neuf/dix-neuvième	*nineteen/nineteenth*
vingt/vingtième	*twenty/twentieth*

Mots croisés: L'heure et d'autres mesures Servez-vous de chaque définition pour remplir la grille. Devinez les mots apparentés. *Use each definition to solve this puzzle. Guess the cognates.*

Horizontalement (*Across*)

3. *C'est le superlatif de* grand.

5. *C'est un adjectif qui décrit quelque chose de très petit.*

7. *Un rectangle en a deux qui sont parallèles.*

8. *C'est le moment où beaucoup de gens déjeunent.*

9. *Le litre est une mesure de ceci.*

11. *C'est l'équivalent de mille mètres.*

13. *C'est l'équivalent de soixante minutes.*

14. *Il y en a soixante dans une minute.*

Verticalement (*Down*)

1. *C'est le contraire de* basse.

2. *On emploie ce mot pour les chaussures au lieu de la taille.*

4. *On utilise cette unité de mesure pour les pommes par exemple.*

6. *C'est la centième partie du mètre.*

10. *C'est l'adjectif qui est l'antonyme de* légère.

12. *C'est en plein milieu de la nuit.*

Histoire et architecture: La Tour Eiffel Remplissez chaque trou avec le mot français approprié. *Fill in each blank with the appropriate French word.*

Quand elle a été construite en 1889, la Tour Eiffel était la structure la plus _____

(*high*). Elle mesure plus de trois cents _____ (*meters*) et se

trouve dans le _____ (*seventh*) arrondissement de Paris. C'est

le _____ (*second*) site culturel français payant. En 2011, plus de sept

_____ (*millions*) de touristes l'ont visitée. La _____

(*height*) de la tour a été plusieurs fois augmentée par l'installation d'antennes. Elle mesure

maintenant _____ (*three hundred twenty seven*) mètres. La _____

_____ (*length*) de l'écart extérieur entre deux piliers est 124,90 mètres.

Matching: Les unités de mesure Écrivez la lettre de l'unité de mesure la plus appropriée pour chacun des articles suivants. *Write the letter of the most appropriate measurement unit for each of the following items.*

1. _____ le vin   a. le kilogramme

2. _____ le sucre   b. le mètre

3. _____ le jambon   c. le kilomètre

4. _____ le vinaigre   d. le litre

5. _____ la chambre

6. _____ la profondeur du lac

7. _____ la largeur de la route

8. _____ le fromage

9. _____ la distance d'une ville à l'autre

10. _____ le poids d'une personne

Mots cachés: Les quantités mesurables Trouvez les traductions françaises des mots suivants qui sont cachés dans la grille, horizontalement, verticalement ou en diagonal. *Find the French translations of the following words that are hidden in the puzzle horizontally, vertically, or diagonally.*

```
W U E J A J F H A K L H P T J D R
L G P E N A V D P W B J V E M E B
V M V M Z W V T A T I D L F H D V
J Z N B M K N P I O F E H C D S G
U S D Z I U Q H R B M J N R Q A G
O P O P O U R C E N T A G E B U G
Z I V K X O D T I E R S T D U J A
R N Z T L Z L B E T K M I C D G H
X C U X U J Z L E D B R O Y R U E
V É K G M Y L P A D S K Y I A I A
F E B S V I C Z O W L D E E T Y H
D Z X I E F G E T I M U C D T I X
D B T T W D S L E V G R D T C Y É
R F U R G S X A O P O N Z P N X S
Y O A I A Y Y O A M A F É B S S L
B O Î T E T R Y Z C X Z W E T W P
H S W H B O U C H É E A C V M A I
```

chunk	mouthful	bottle
pinch	half	third
fistful	pair	slice
percentage	can	cup

Jeu des antonymes: Les quantités relatives Identifiez le mot qui signifie le contraire de chaque mot présenté et écrivez la lettre correspondante sur la ligne appropriée. *Identify the word that means the opposite of each word presented, and write the corresponding letter on the appropriate line.*

1. _____ peu
2. _____ plus
3. _____ trop
4. _____ excessivement
5. _____ environ
6. _____ quelque
7. _____ encore
8. _____ instant

a. pas assez
b. aucun
c. plus du tout
d. éternité
e. suffisamment
f. beaucoup
g. moins
h. précisément

Le mot mystère: Des idées de quantité Traduisez chaque mot de l'anglais en français pour découvrir le mot mystère. *Translate each word from English to French and discover the mystery word.*

1. *several* ▇ __ u __ __ e __ __ s
2. *a few* __ u __ ▇ __ u __ s
3. *none* __ ▇ c __ __
4. *too much* __ __ o ▇
5. *so much/many* __ ▇ n __
6. *precisely* __ ▇ é __ __ __ é __ __ n __
7. *as much/as many* __ __ ▇ a __ __

Le mot mystère: _____

Jeu des intrus: Mesures et quantités Identifiez ce qui ne correspond pas à la catégorie présentée au début de chaque ligne. *Identify what does not correspond to the category presented at the beginning of each line.*

1. **la longueur:** le rectangle, la route, le cercle, le trapèze
2. **le volume:** la bouteille, la tasse, la burette, la fourchette

3. **la mesure métrique**: la largeur de la table, le bout de temps, la course, la dimension du lit

4. **les approximations**: la centaine, le grain, à peu près, environ

5. **le poids**: une dizaine, un sachet, un paquet, une personne

6. **les proportions**: le tiers, le triple, le quart, la pincée

7. **les unités de mesure**: le gramme, la bouchée, le litre, le mètre

8. **les petites quantités**: la cuillerée, la tonne, la pincée, la rondelle

9. **les instruments de mesure**: la règle, la balance, la pipette, le double

10. **le temps**: le cadran solaire, la montre, le compas, l'horloge

EXERCICE
14·8

Choix multiples: Qu'est-ce qu'il faut mesurer? Et comment? Choisissez la meilleure réponse (pas la plus drôle). *Choose the best response (not the funniest).*

1. Jacques est maçon. Il est constamment en train de mesurer...
   a. les longueurs et les largeurs des portes.
   b. la profondeur de la fondation des maisons.
   c. la hauteur des toits.
   d. la capacité hydraulique des maisons.

2. Jeanne est pâtissière. Elle n'utilise pas souvent...
   a. les sachets de levure.
   b. les tasses de farine.
   c. les bouteilles.
   d. les cuillères.

3. Roger est menuisier. Son instrument de mesure favori est...
   a. la montre.
   b. l'équerre.
   c. le verre.
   d. la pipette.

4. Vous allez passer un examen médical. L'infirmière vous demande d'aller vous peser sur...
   a. la balance.
   b. l'horloge.
   c. le carré.
   d. la table.

5. Vous êtes dans un cours de chimie. Vous faites souvent des expériences avec...
   a. des bouteilles.
   b. des tonneaux.
   c. des burettes.
   d. des livres.

6. Vous êtes malade. Vous voulez savoir si vous avez une fièvre. Vous sortez votre...
   a. règle.
   b. thermomètre.
   c. médicament.
   d. stéthoscope.

7. Le docteur vous a prescrit du sirop pour la toux. Vous en prenez... trois fois par jour.
   a. un sachet
   b. un litre
   c. une goutte
   d. une dose

8. Vous aimez le yaourt comme goûter l'après-midi. Vous en mangez généralement...
   a. un pot.
   b. un kilo.
   c. une tablette.
   d. un carré.

Devinette: Vrai ou faux? Écrivez V (vrai) si la phrase est logique; écrivez F (faux) si elle est illogique ou ridicule. *Write V if the sentence is logical; write F if it is illogical or ridiculous.*

1. _____ Tu mets une livre de beurre dans ton sandwich.

2. _____ Tu achètes un demi-bœuf au supermarché.

3. _____ Tu mets une pincée de sel dans ta soupe.

4. _____ Tu coupes une tranche de pain frais pour ton petit-déjeuner.

5. _____ Tu manges cinq tablettes de chocolat à chaque repas.

6. _____ Tu bois un tonneau de bière au dîner.

7. _____ Tu ouvres une boîte de petits pois pour accompagner ton steak.

8. _____ Tu manges une cuillerée de sauce tomate pour goûter si elle est bonne.

9. _____ Tu prends une paire de kilos de jambon.

10. _____ Tu prends une demi-tasse de café.

11. _____ Tu prends une double dose d'antibiotique pour commencer ton traitement.

12. _____ Tu mets une trentaine de sachets de sucre dans ton thé.

Des faits: Julia Child Remplissez chaque trou avec le mot français approprié pour découvrir ce qui se passe souvent en France. *Fill in each blank with the appropriate French word to discover what often happens in France.*

Savez-vous pourquoi Julia Child a écrit son premier livre de cuisine française? Elle avait compris que les Français n'aiment pas se servir d'instruments de _____

(*measurement*) quand ils préparent leurs repas. Elle a donc décidé qu'il était

_____ (*time*) d'écrire des recettes avec des _____

(*quantities*) exactes d'ingrédients. Dans ses livres, Julia indique combien

de _____ (*grams*) de farine et combien de _____

(*spoons*) de sucre il faut utiliser. Elle vous dit aussi combien de _____

(*centiliters*) il faut pour les liquides et elle les convertit même en _____

(*ounces*). Au lieu de dire qu'il vous faut un _____ (*chunk*) ou un

_____ (*square piece*) de chocolat, elle vous dit d'utiliser une

_____ (*approximately 10*) de grammes de chocolat.

Mots croisés: Temps, mesures et quantités Remplissez la grille avec les mots qui correspondent aux définitions suivantes. *Complete the puzzle with the words that correspond to the following descriptions.*

Horizontalement (*Across*)

2. *mille millions*

5. *le contraire d'*énorme

8. *environ soixante*

10. *la centième partie du mètre*

11. *ce qui sert à contenir le vin ou la bière qui fermente*

13. *le contraire d'*environ

14. *le contraire de* lourd

15. *l'équivalent de 25%*

Verticalement (*Down*)

1. *celui qui a le numéro 20 est dans cette position*

3. *le temps entre le matin et le soir:* _____-_____

4. *adverbe dérivé de l'adjectif* suffisant

6. *le contraire de* plus

7. *l'équivalent de la* taille *en chaussures*

9. *adverbe dérivé de l'adjectif* excessif

11. *une quantité multipliée par 3*

12. *l'équivalent de 50%*

Les expressions idiomatiques

Idiomatic expressions

VOCABULAIRE

Vocabulaire utile

Avoir expressions

avoir besoin de	*to need*
avoir bonne mine	*to look good*
avoir chaud	*to be hot*
avoir de l'allure	*to have presence*
avoir de l'esprit	*to be witty*
avoir de la chance	*to be lucky*
avoir du courage	*to be brave*
avoir envie de	*to feel like/want*
avoir faim	*to be hungry*
avoir froid	*to be cold*
avoir honte de	*to be ashamed*
avoir l'air (+ *adj.*)	*to look (+ adj.)*
avoir l'habitude de	*to be accustomed to*
avoir l'intention de	*to intend to*
avoir la parole	*to have the floor*
avoir le temps de	*to have the time to*
avoir lieu	*to take place*
avoir mal	*to hurt/ache*
avoir mauvaise mine	*to look bad*
avoir peur de	*to be afraid of*
avoir raison	*to be right*
avoir soif	*to be thirsty*
avoir sommeil	*to be sleepy*
avoir tort	*to be wrong*
avoir... ans	*to be . . . old*
Il y a...	*. . . ago*
Qu'est-ce qu'il y a?	*What's wrong?*

Faire expressions

faire attention à	*to watch out for*
faire de la peine	*to hurt emotionally*
faire de son mieux	*to do one's best*
faire des achats	*to go shopping*
faire des bêtises	*to get into mischief*
faire des courses	*to run errands*
faire des économies	*to save up*
faire des progrès	*to make progress*
faire des projets	*to make plans*
faire du sport	*to practice sports*
faire du théâtre	*to do some acting*
faire du violon	*to play the violin*
faire jour/nuit	*to be day/nighttime*
faire la bise	*to give a kiss (cheek)*
faire la connaissance de	*to get acquainted with*
faire la queue	*to wait in line*
faire la vaisselle	*to do the dishes*
faire le ménage	*to do the housework*
faire le pont	*to have a long weekend*
faire les bagages	*to pack*
faire mal à quelqu'un	*to hurt someone*
faire peur à quelqu'un	*to scare someone*
faire plaisir à	*to please someone*
faire sa toilette	*to groom oneself*
faire ses études à	*to study at*
faire un cadeau à	*to give someone a gift*
faire un tour	*to go for a stroll or ride*
faire un voyage	*to go on a trip*
faire une fugue	*to run away from home*
faire une promenade	*to go for a walk*

Donner expressions

donner de sa personne	*to give of yourself*
donner des signes de faiblesse	*to show signs of weakness*
donner l'alarme/l'alerte	*to sound the alarm*
donner le jour à	*to bring into the world*
donner l'exemple	*to set an example*
donner raison à	*to side with someone*
donner sur	*to look/open onto*
donner tout son temps à	*to devote all one's time to*
donner un baiser à	*to give someone a kiss*
donner un coup de main	*to give a helping hand*
donner une gifle	*to slap*

Entrer expressions

entrer à l'université	*to start college*
entrer dans le vif du sujet	*to get to the heart of the matter*
entrer dans les affaires	*to go into business*
entrer dans l'histoire	*to go down in history*
entrer en contact	*to get in touch*
entrer en vigueur	*to come into effect*

Laisser expressions

laisser dire	*to let people talk*
laisser en plan	*to abandon*
laisser entrer	*to allow in*
laisser la parole	*to let someone speak*
laisser le champ libre	*to give carte blanche*
laisser passer quelqu'un	*to allow someone to pass*
laisser quelque chose	*to leave something behind*
laisser une bonne impression	*to make a good impression*
laisser voir (m)	*to show/reveal*
laisser-aller (m)	*carelessness*
laisser-faire (m)	*noninterventionism*
se laisser faire	*to let oneself be pushed around*

Prendre expressions

prendre le parti de	*to decide to*
prendre rendez-vous	*to make an appointment*
prendre sa retraite	*to retire*
prendre son courage à deux mains	*to get up one's courage*
prendre son temps	*to take one's time*
prendre un rhume	*to catch a cold*
prendre une décision	*to make a decision*

Tenir expressions

tenir à + *inf.*	*to insist on*
tenir à + *noun*	*to cherish something*
tenir bon	*to hold one's ground*
tenir compte de	*to keep in mind*
tenir le coup	*to hold out*
tenir sa parole	*to keep one's word*

Bout expressions

à bout de bras	*at arms length*
à bout de force	*worn out (fatigue)*
à bout de nerfs	*on the verge of a breakdown*
à bout de souffle	*breathless*
au bout d'un moment	*after a while*
au bout du compte	*in the end*
au bout du fil	*on the line*
au bout du monde	*at the other end of the world*
bout de chou	*cutie/sweetie*
bout de pain	*piece of bread*
bout de temps	*awhile*
bout du doigt	*fingertip*
bout du tunnel	*other end of the tunnel*
du bout des lèvres	*halfheartedly*
joindre les deux bouts	*to make ends meet*

Coup expressions

à coup sûr	*for sure*
coup bien joué	*well done*
coup d'état	*overthrow*
coup d'œil	*glance*
coup de chance	*stroke of luck*
coup de fil	*phone call*
coup de foudre	*lightning bolt*
coup de grâce	*death blow*
coup de maître	*masterstroke*
coup de pied	*kick*
coup de poing	*punch*
coup de soleil	*sunburn*
coup de tonnerre	*thunder*
coup de vent	*gust of wind*
tout à coup	*all of a sudden*

French-Canadian expressions

arena (f)	*skating rink*
bec (m)	*kiss*
blonde (f)	*girlfriend*
C'est bien ça là !	*That's it!*
C'est du fun!	*It's fun!*
char (m)	*car*
checker	*to check*
chum (m)	*friend (m)*
courriel (m)	*e-mail*
déjeuner (m)	*breakfast*
dépanneur (m)	*grocery store*
dîner (m)	*lunch*
dispendieux (-se)	*expensive*
frigidaire (m)	*refrigerator*
magasiner	*to go shopping*
minou (m)	*cat*
patate frite (f)	*french fry*
prendre une marche	*to go for a walk*
souper (m)	*dinner*
tannant	*boring*
tanné(e)	*bored*

Devinette: Avoir ou ne pas avoir? Complétez chaque phrase avec le mot
appropriée selon ce qu'il vaut mieux ressentir (ou pas) dans chacun des cas suivants.
*Complete each sentence with the appropriate word according to what should be felt (or not)
in each of the following cases.*

1. Pour finir un marathon, il vaut mieux avoir du _____.

2. Pour travailler huit heures sans pause, il vaut mieux ne pas avoir _____
   _____.

3. Pour se présenter à un nouveau job, il vaut mieux avoir bonne _____
   _____.

4. Quand on insiste qu'on sait quelque chose, il vaut mieux avoir _____
   _____.

5. Quand on veut présenter une idée importante à une audience, il vaut mieux avoir
   la _____ pendant un bout de temps.

6. Quand on promet quelque chose, il vaut mieux avoir l'_____ de le
   faire.

7. Pour faire de la comédie, il vaut mieux avoir de l'_____ sur la scène.

8. Pour se promener sans manteau quand il fait 32 degrés C, il vaut mieux ne pas
   avoir _____.

9. Pour faire un gros et long projet, il vaut mieux avoir le _____.

10. Quand on travaille avec des animaux sauvages dans un zoo, il vaut mieux ne pas
    avoir _____ d'eux.

11. Quand on n'a rien à manger dans sa cuisine, il vaut mieux ne pas
    avoir _____.

12. Quand on adore faire le clown et amuser les amis, il vaut mieux avoir
    de l'_____.

13. Pour gagner le grand prix à la loterie, il vaut mieux avoir beaucoup
    de _____.

14. Quand il n'y a plus de glaçons dans le réfrigérateur, il vaut mieux ne pas
    avoir _____.

Devinette: Avoir ou faire? Complétez chaque phrase avec avoir ou bien avec faire. *Complete each sentence with avoir or with faire.*

1. Lundi est un jour férié. Alors tous les employés de mon bureau vont _____ le pont ce weekend.

2. Alex va _____ dix ans le 14 juillet.

3. Sa fête d'anniversaire va _____ lieu sous la Tour Eiffel.

4. J'ai commandé un gâteau il y _____ une semaine.

5. Le pâtissier va _____ le temps de faire ce beau gâteau.

6. Nous allons tous _____ très chaud car c'est l'été.

7. Les enfants vont évidemment _____ des bêtises.

8. C'est normal. Ils vont _____ envie de s'amuser comme des fous.

9. Les amis d'Alex vont lui _____ des cadeaux.

10. Ça va lui _____ plaisir d'ouvrir tous ces cadeaux.

11. Sa petite sœur Dara va _____ envie d'en recevoir aussi.

12. Mais elle ne va sûrement pas _____ de fugue aujourd'hui même si elle est jalouse.

13. Au contraire, elle va _____ le courage d'attendre jusqu'à son propre anniversaire en novembre.

14. Heureusement qu'Halloween n'est pas très loin. Elle va _____ peur à ses amis dans son costume de sorcière.

15. Il y a vraiment beaucoup de projets à _____ en attendant.

Jeu des antonymes: Pot-pourri Identifiez le mot qui signifie le contraire de chaque mot présenté et écrivez la lettre correspondante sur la ligne appropriée. *Identify the word that means the opposite of each word presented, and write the corresponding letter on the appropriate line.*

1. _____ en une seconde   a. du bout des lèvres

2. _____ avoir mal   b. se laisser faire

3. _____ fermement   c. laisser-faire

4. _____ au début   d. prendre sa retraite

5. _____ tenir bon   e. prendre son temps

6. _____ interventionnisme   f. tenir sa parole

7. _____ travailler   g. laisser en plan

8. _____ se dépêcher   h. au bout d'un moment

9. _____ changer d'avis   i. faire mal

10. _____ faire des progrès   j. au bout du compte

EXERCICE
15·4

Jeu des intrus: Pot-pourri Identifiez ce qui ne correspond pas à la catégorie présentée au début de chaque ligne. *Identify what does not correspond to the category presented at the beginning of each line.*

1. **expressions avec *prendre***: rendez-vous, un rhume, le parti, dire

2. **expressions avec *laisser***: voir, dire, la parole, le vif

3. **expressions avec *tenir***: la parole, le temps, le coup, compte

4. **expressions avec *donner***: de sa personne, l'exemple, l'histoire, une gifle

5. **expressions avec *bout***: d'état, de nerfs, du fil, du tunnel

6. **expressions avec *coup***: d'œil, de foudre, de main, du monde

EXERCICE
15·5

Choix multiples: Pot-pourri Choisissez la meilleure réponse. Attention aux réponses absurdes. *Choose the best response. Beware of absurd responses.*

1. Ce fromage sent très mauvais. Il faut le tenir... et le jeter.
   a. à coup d'œil
   b. à bout du pain
   c. à bout de bras
   d. à coup de pied

2. Pour faire rentrer le ballon de foot dans le but, il faut donner un grand...
   a. coup de soleil.
   b. bout de chou.
   c. coup de pied.
   d. bout du doigt.

3. Après une course de quinze kilomètres, la coureuse est...
   a. à coup sûr.
   b. du bout des lèvres.
   c. à bout de souffle.
   d. au bout du fil.

4. Dans une mauvaise économie, il y a des familles qui font de leur mieux pour...
   a. faire un coup d'état.
   b. joindre les deux bouts.
   c. laisser le champ libre.
   d. entrer dans l'histoire.

5. Quand une société a un nouveau patron, on sait que de nouveaux règlements vont...
   a. se laisser faire.
   b. laisser entrer.
   c. entrer en contact.
   d. entrer en vigueur.

6. Pour obtenir un diplôme, il faut...
   a. entrer à l'université.
   b. laisser passer quelqu'un.
   c. prendre sa retraite.
   d. tenir parole.

7. Le directeur d'une entreprise doit savoir...
   a. prendre un rhume.
   b. faire le ménage.
   c. faire la bise.
   d. prendre des décisions.

8. Pour bien communiquer en français, il vaut mieux... de la parler.
   a. avoir peur
   b. avoir l'habitude
   c. faire un voyage
   d. faire un tour

9. Quand un copain a mauvaise mine, vous demandez:
   a. Tu as raison?
   b. Tu fais mal à quelqu'un?
   c. Qu'est-ce qu'il y a?
   d. Tu fais du théâtre?

10. Les personnes extraverties aiment toujours... de nouvelles personnes.
    a. faire leur toilette
    b. faire la connaissance
    c. faire des fugues
    d. faire de la peine aux autres

11. Les personnes qui font du bénévolat sont prêtes à...
    a. donner raison aux dictateurs.
    b. donner de leur personne.
    c. donner des gifles aux pauvres gens.
    d. donner sur les pays riches.

12. Si un incendie se déclare soudain dans votre maison, il faut immédiatement...
    a. donner l'alarme.
    b. laisser la parole.
    c. entrer dans le vif du sujet.
    d. laisser entrer les gens.

Mots cachés: Pot-pourri Trouvez les traductions françaises des mots suivants qui sont cachés dans la grille, horizontalement, verticalement ou en diagonal. *Find the French translations of the following words that are hidden in the puzzle horizontally, vertically, or diagonally.*

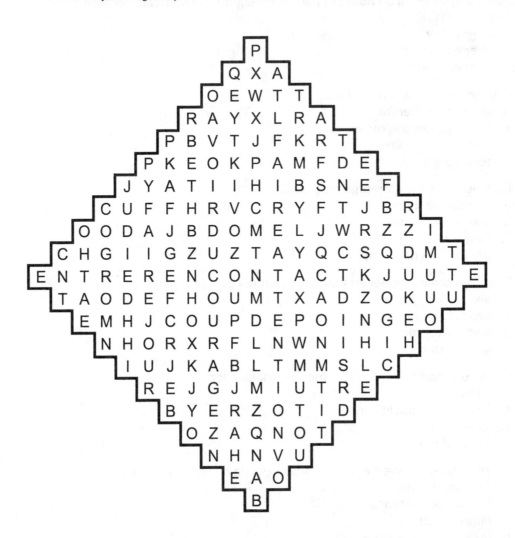

sweetie (three words)

punch (three words)

kitty

french fry (Canada) (two words)

to hold one's ground (two words)

to get in touch (three words)

to be daytime (two words)

to take place (two words)

to pay attention (two words)

to be brave (three words)

Devinette: Qui est ce grand inventeur? Remplissez chaque trou avec le mot français approprié pour découvrir cet inventeur. *Fill in each blank with the appropriate French word to discover this inventor.*

Ce personnage est né en 1847. À l'école publique, il _____ (*does*

mischief). Alors sa mère _____ (*makes the decision*) de l'instruire à la

maison. Tout jeune, il _____ (*insists on*) déjà à lire toutes sortes de livres.

À douze _____ (*years*), il commence à publier son propre journal. Plus

tard, le jeune homme travaille au télégraphe. Puis il invente une machine qui compte les votes

électroniquement donc rapidement. Mais les politiciens préfèrent _____

(*take their time*) pour pouvoir changer l'avis des électeurs. Il _____ (*to give*

birth) à d'autres inventions comme le phonographe. Un autre _____

(*masterstroke*) est l'invention de l'ampoule électrique. Il _____ (*goes down*

in history) comme l'un des plus grands inventeurs américains.

Grand inventeur: C'est _____

Le mot mystère: Le français canadien Traduisez chaque mot de l'anglais en français canadien pour découvrir le mot mystère. *Translate each word from English to Canadian French and discover the mystery word.*

1. *breakfast* ▣ é __ __ u __ e __

2. *e-mail* c __ __ r __ ▣ e __

3. *to go shopping* __ a __ __ ▣ i __ e __

4. *grocery store* __ é ▣ __ n __ e __ __

5. *to check* __ h __ c __ ▣ __

6. *lunch* d __ ▣ e __

7. *girlfriend* b __ o __ ▣ __

8. *refrigerator* __ r __ g ▣ __ __ i __ e

9. *bored* (f) t __ __ n __ ▣

10. *friend* (m) __ __ ▣ m

11. *dinner* ▣ o __ p __ __

12. *kiss* __ ▣ __

Le mot mystère: _____

Answer key

1   Les communications et les médias ·
Communications and media

1·1

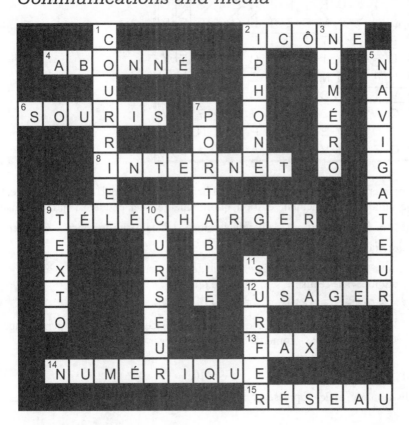

Horizontalement (*Across*)

2. icône   4. abonné   6. souris   8. Internet   9. télécharger   12. usager
13. fax   14. numérique   15. réseau

Verticalement (*Down*)

1. courriel   2. iphone   3. numéro   5. navigateur   7. portable   9. texto
10. curseur   11. surfer

1·2   1. g   2. c   3. f   4. i   5. b   6. h   7. a   8. j   9. d   10. e

1·3   1. b   2. d   3. a   4. c   5. d

1·4 télécharge, reconnais, découvre, reconnecter, sous-entend, rebrancher, comprends, renseigne

1·5

```
I K F Y J C E M I U J G L R A F R D R N C
O H B T O R X V Q P W I Q I A N N O N C E
P Y F R U Q A U I U N R Z O R W M Z U N F
G J Y S R N L Z U B C O S G F L E H É V J
T C N Z N A I K J L L C M S D J N H D M A
K E V S A V G I E I W A W É M I S S I O N
C B J U L A W S N C Z T B B P V U K T A I
W A F I O G A R T I C L E D C H E J I B M
Y L G H R E P O R T A G E E I E L Q O O A
F A P L T I T R E É H F N C U F C V N N T
A D D R F F X P X E R Q N O C G F K S N R
T O D P E Y C E Y Z F L I E N Q U J E I I
P D V V S G F I K D R T H T N D J S M C C
L I R M Q A S C H Y B M B Z T B Q X E E E
C F E G D S G E Q U O T I D I E N U A N R
O F E N Q U S L R I D I R I R C D H Ê T K
L U O Q I B H A E Q M S S I Z S M R T R E
O S I N T E R V I E W C E D R C G V I I E
N I H V Q U S O W C L Z D F M J E O P N V
N O W M C O F T Q C O B Z K C P U M N G U
E N Z X Y C H C Z D H V A X X A U T J C E
```

émission, baladodiffusion, interview, animatrice, diffuser, publicité, presse, journal, revue, reportage, titre, colonne, rubrique, article, annonce, abonnement, édition, quotidien, mensuel, enquête, sondage, censure

1·6 1. l'éditorial 2. abrégé 3. le reportage 4. la bande dessinée 5. la petite annonce 6. gérer

Mot mystère: abonné (*subscriber*)

1·7 1. rire 2. le livre numérique 3. la pièce de théâtre 4. le déroulement 5. le mémoire 6. l'argumentation 7. le réalisme 8. le chef d'œuvre

1·8 1. 👁️👂 2. 👁️👂 3. 👁️ 4. 👁️👂 5. 👁️ 6. 👁️ 7. 👁️👂 8. 👁️ 9. 👂

1·9 1. actrice 2. apogée 3. public 4. vedette 5. cinéphile 6. place 7. rôle 8. personnage 9. action 10. amour 11. aventure 12. comédie musicale 13. écran 14. succès 15. applaudissement

1·10 1. c 2. h 3. g 4. f 5. d 6. i 7. j 8. b 9. e 10. a

1·11 numériques, journaux, distribution, articles, presse, connecter, réseau, rubriques, quotidien, abonnés

2 Les caractéristiques humaines et culturelles ·
Human and cultural characteristics

2·1

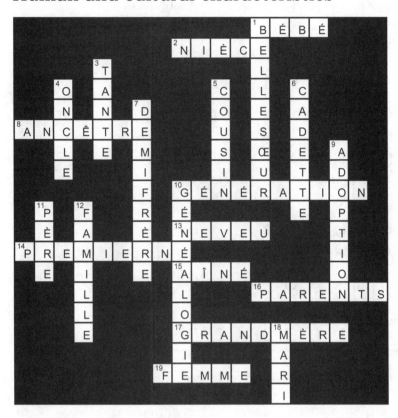

Horizontalement (*Across*)

1. bébé   2. nièce   8. ancêtre   10. génération   13. neveu   14. premier-né   15. aîné   16. parents
17. grand-mère   19. femme

Verticalement (*Down*)

1. belle-sœur   3. tante   4. oncle   5. cousin   6. cadette   7. demi-frère   9. adoption
10. généalogie   11. père   12. famille   18. mari

2·2   1. beau, mat, cheveux, lèvres, nez, Michael Jackson
2. mignonne, blonde, yeux, petits, peau, Cendrillon
3. petit, rond, bouche, minces, chauve, Charlie Brown

2·3   1. affectueuse   2. maladroite   3. brusque/malpoli   4. intraverti   5. honnête   6. heureux
7. extravertie/ouverte/sympathique   8. lâche   9. poli/galant   10. enjoué   11. froide
12. persévérant   13. mignon   14. ingénieux   15. créative

2·4

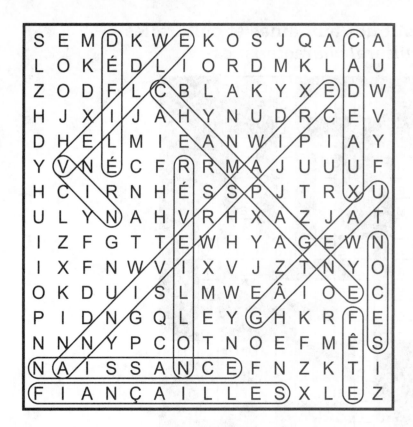

naissance, anniversaire, fiançailles, noces, veille, réveillon, cadeaux, fête, défilé, gâteau, vin, champagne

2·5 1. Afrique 2. Asie 3. Suisse 4. Brésil 5. Amérique 6. Sénégal 7. Europe 8. France 9. Belgique 10. Canada 11. Tunisie 12. Australie 13. États-Unis 14. Mexique 15. Luxembourg

2·6

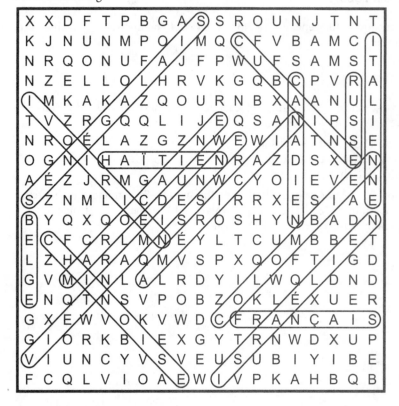

américain, chinoise, canadien, vietnamienne, français, belge, sénégalais, italienne, russe, haïtien, marocaine, israélien, cubaine, colombien, ivoirien

2·7   1. i   2. e   3. j   4. f   5. b   6. d   7. g   8. h   9. a   10. c

2·8
1. Le gâteau de Noël traditionnel des Français s'appelle la bûche.
2. Beaucoup de francophones se font des farces le 1er avril.
3. Les Français mangent la galette des rois le 6 janvier.
4. Les Québécois font des feux de joie à la Saint Jean.
5. Les Québécois font la récolte de la sève d'érable au printemps.
6. La Fête des Vignerons est une fête traditionnelle en Suisse.
7. Pour fêter le Nouvel An, on mange de la soupe au potiron en Haïti.
8. Au Sénégal, le prénom d'un enfant doit avoir une histoire.
9. Le boubou est un vêtement traditionnel en Afrique.
10. Le masque est un objet d'art traditionnel dans beaucoup de pays africains.

2·9

Horizontalement (*Across*)

3. wolof   4. hébreu   5. espagnol   8. anglais   9. créole   10. arabe   12. français

Verticalement (*Down*)

1. allemand   2. chinois   6. italien   7. japonais   11. russe

2·10   1. les films   2. la publiciste   3. la composition musicale   4. la danse   5. le piercing
6. le tatouage   7. colorier   8. virtuelle   9. la porcelaine   10. la bande dessinée

2·11   1. d   2. j   3. e   4. a   5. c   6. h   7. i   8. f   9. g   10. b

2·12   1. F   2. F   3. V   4. V   5. V   6. V   7. V   8. F   9. F   10. V

3 Les relations sociales · *Social relations*

3·1

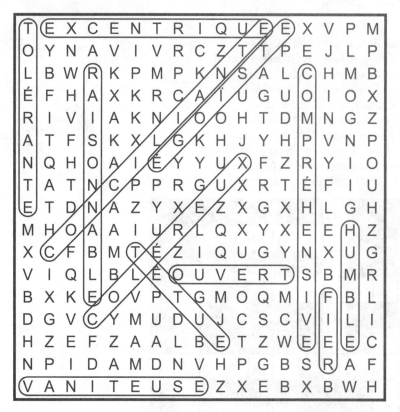

coléreux, vaniteuse, ouvert, fier, égoïste, têtue, tolérante, compréhensive, conciliante, humble, raisonnable, excentrique

3·2 1. imprudente 2. responsable 3. égoïste 4. sage 5. vaniteuse 6. ouverte 7. conciliante
8. antipathique 9. coléreuse 10. sociable

Mot mystère: passionnée (*passionate*)

3·3 1. g 2. i 3. a 4. h 5. l 6. d 7. j 8. f 9. c 10. k 11. e 12. b

3·4

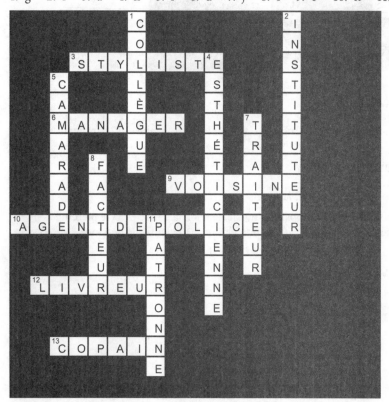

Horizontalement (*Across*)

3. styliste   6. manager   9. voisine   10. agent de police   12. livreur   13. copain

Verticalement (*Down*)

1. collègue   2. instituteur   4. esthéticienne   5. camarade   7. traiteur   8. facteur   11. patronne

3·5

autonomie, interdépendance, groupe, droit, responsabilité, respect, isolement, assimilation, intégration, solidarité, lien

3·6   1. c   2. e   3. a   4. g   5. b   6. h   7. d   8. f

3·7   1. a   2. b   3. a   4. b   5. b   6. a   7. a   8. b

3·8

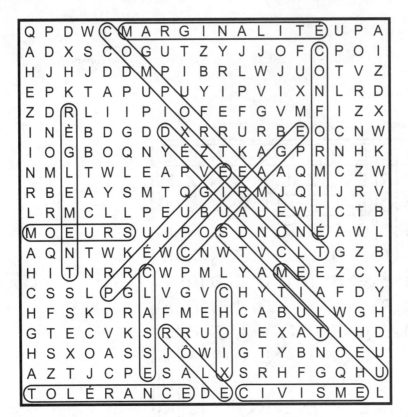

Q P D W C M A R G I N A L I T É U P A
A D X S C O G U T Z Y J J O F C P O I
H J H J D D M P I B R L W J U O T V Z
E P K T A P U P U Y I P V I X N L R D
Z D R L I I P I O F E F G V M F I Z X
I N È B D G D D X R R U R B E O C N W
I O G B O Q N Y É Z T K A G P R N H K
N M L T W L E A P V E E A A Q M C Z W
R B E A Y S M T O G I R M J Q I J R V
L R M C L L P E U B U A U E W T C T B
M O E U R S U J P O S D N O N É A W L
A Q N T W K É W C N W T V C L T G Z B
H I T N R R C W P M L Y A M E E Z C Y
C S S L P G L V G V C H Y T I A F D Y
H F S K D R A F M E H C A B U L W G H
G T E C V K S R R U O U E X A T I H D
H S X O A S S J Ô W I G T Y B N O E U
A Z T J C P E S A L X S R H F G Q H L
T O L É R A N C E D E C I V I S M E L

rôle, mœurs, comportement, statut, déviance, marginalité, milieu, classe, préjugé, choix, civisme, courage, conformité, règlement, tolérance

3·9 1. Un groupe social se définit par les caractéristiques communes de ses membres.
2. Les membres d'un groupe social communiquent entre eux.
3. Tout groupe social a ses règlements.
4. Une classe sociale regroupe les individus qui ont une position économique similaire.
5. Chaque société a des groupes formels, par exemple dans le contexte du travail.
6. Une société a aussi des groupes informels basés sur l'appartenance volontaire.

3·10 1. intégré 2. la déportation 3. le statut politique 4. l'oubli des traditions 5. les xénophobes

3·11 se marier, époux, divorce, ensemble, cohabitation, noces, mariage, mariées, couple, sépare

4 **L'art de vivre** · *Living arrangements*

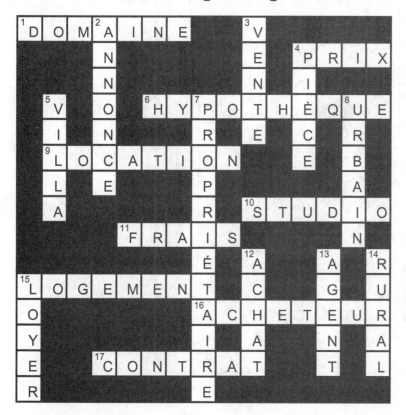

Horizontalement (*Across*)

1. domaine   4. prix   6. hypothèque   9. location   10. studio   11. frais   15. logement
16. acheteur   17. contrat

Verticalement (*Down*)

2. annonce   3. vente   4. pièce   5. villa   7. propriétaire   8. urbain   12. achat   13. agent
14. rural   15. loyer

4·2   1. la cuisine   2. la chambre (à coucher)   3. la salle à manger   4. le salon   5. les toilettes
6. la salle de bains   7. le bureau   8. l'entrée

4·3   1. la cuisinière   2. l'aspirateur   3. le four   4. le congélateur   5. le réfrigérateur   6. le mixer
7. le micro-ondes   8. le lave-vaisselle   9. le sèche-cheveux/le séchoir à cheveux
10. la machine à laver   11. le rasoir   12. le séchoir (à linge)/le sèche-linge

4·4

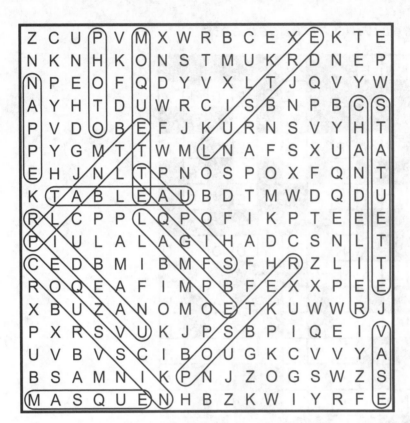

rideau, tapis, moquette, lampe, lustre, chandelier, vase, statuette, masque, photo, plante, coussin, nappe, tableau, poster

4·5   1. les livres   2. des pots de peinture   3. le toit   4. le rasoir   5. les vêtements   6. l'évier
7. le mixer   8. la douche

4·6   1. balcon   2. plantes   3. pylône   4. étang   5. fleurs   6. jardin   7. arbre

        Mot mystère: clôture (*fence*)

4·7   1. c   2. e   3. f   4. a   5. b   6. d

4·8   1. colonie   2. village   3. club   4. ferme   5. gîte   6. chambre d'hôte   7. hôtel   8. chalet
9. bungalow   10. tente

4·9   1. c   2. c   3. b   4. a   5. b   6. c

4·10

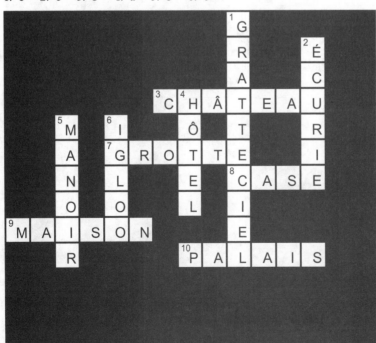

Horizontalement (*Across*)

3. château 7. grotte 8. case 9. maison 10. palais

Verticalement (*Down*)

1. gratte-ciel 2. écurie 4. hôtel 5. manoir 6. igloo

4·11 1. h 2. f 3. i 4. b 5. j 6. d 7. c 8. a 9. g 10. e

5 Affaires personnelles · *Personal items*

5·1

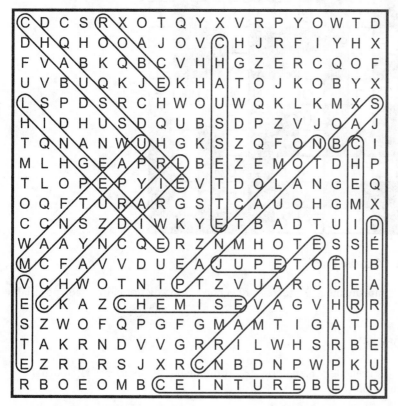

pantalon, chemise, chemisier, bas, chaussette, chaussure, robe, jupe, débardeur, lingerie, veste, chandail, manteau, cravate, écharpe, ceinture

5·3

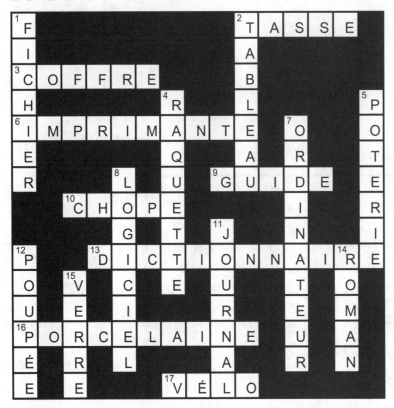

Horizontalement (*Across*)

2. tasse   3. coffre   6. imprimante   9. guide   10. chope   13. dictionnaire   16. porcelaine
17. vélo

Verticalement (*Down*)

1. fichier   2. tableau   4. raquette   5. poterie   7. ordinateur   8. logiciel   11. journal
12. poupée   14. roman   15. verre

5·4   1. ski   2. raquette   3. parka   4. vélo   5. canne à pêche   6. sweat   7. casque   8. maillot
9. balle   10. ballon   11. coupe-vent

Mot mystère: survêtement (*tracksuit*)

5·5

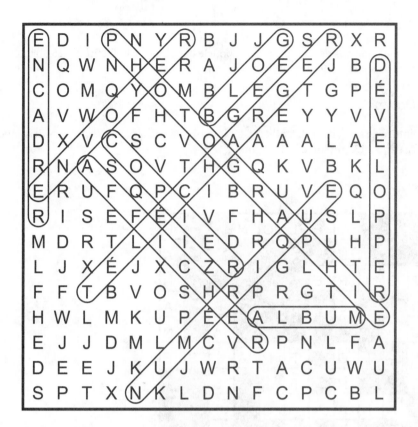

photographie, numérique, encadrer, afficher, copier, envoyer, télécharger, développer, album, blog

5·6 1. poterie 2. poupée 3. vin 4. livre 5. parfum 6. tableau 7. vidéo 8. porcelaine
9. porte-clef 10. carte 11. verre 12. photos

5·7 1. f 2. i 3. g 4. a 5. h 6. j 7. d 8. b 9. c 10. e

5·8

Horizontalement (*Across*)

4. sièges   7. pendentif   10. permis de conduire   11. boucle d'oreille   14. facture   15. bague
16. anneaux   18. voiture de sport   19. argent liquide   20. clef

Verticalement (*Down*)

1. décapotable   2. ceinture de sécurité   3. collier   5. broche   6. alliance   8. guide touristique
9. bouton   12. rétroviseurs   13. diplôme   17. moteur

6   Manger · *Eating*

6·1

Horizontalement (*Across*)

1. melon   4. poire   6. figue   8. fraise   9. pomme   11. ananas   12. pamplemousse   14. cerise

Verticalement (*Down*)

1. mûre   2. banane   3. kiwi   4. prune   5. raisin   7. orange   8. framboise   9. pastèque
10. mandarine   13. pêche

6·2   1. laitue   2. citrouille   3. oignon   4. artichaut   5. céleri   6. concombre   7. petits pois
8. maïs   9. pomme de terre   10. champignon

6·3   1. sole   2. crabe   3. thon   4. hareng   5. homard   6. huître   7. sardine   8. truite
9. écrevisse   10. saumon   11. moule

Mot mystère: langoustine (*prawn*)

6·4   1. d   2. c   3. a   4. d   5. c

6·5

eau, lait, bière, vin, jus, café, thé, tisane, menthe, soda, limonade, citron pressé, apéritif

6·6 1. goûter 2. souper 3. dîner 4. déjeuner 5. petit-déjeuner 6. réveillon 7. casse-croûte
8. réveillon

6·7 1. cuillère à soupe 2. verre 3. fourchette 4. cuillère à café 5. couteau 6. assiette 7. tasse
8. plateau

6·8 1. bonbon 2. sole 3. céréales 4. sauce tomate 5. glace 6. pommes 7. pamplemousse
8. brioche 9. poisson 10. veau

6·9 1. f 2. h 3. e 4. c 5. g 6. a 7. d 8. b

6·10

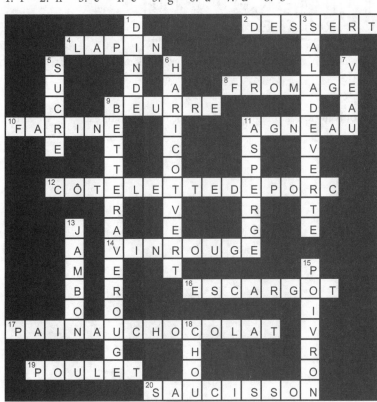

Horizontalement (*Across*)

2. dessert   4. lapin   8. fromage   9. beurre   10. farine   11. agneau   12. côtelette de porc
14. vin rouge   16. escargot   17. pain au chocolat   19. poulet   20. saucisson

Verticalement (*Down*)

1. dinde   3. salade verte   5. sucre   6. haricot vert   7. veau   9. betterave rouge   11. asperge
13. jambon   15. poivron   18. chou

7   Les achats · *Shopping*

7·1

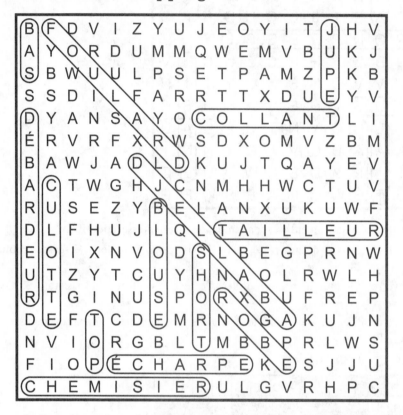

robe, jupe, bas, culotte, foulard, écharpe, djellaba, blouse, chemisier, top, short, débardeur, tailleur, collant

7·2   1. caleçon   2. slip   3. chemise   4. pantalon   5. costume   6. veste   7. cravate   8. polo
9. blouson   10. ceinture

7·3   1. casquette   2. anorak   3. pull-over   4. peignoir   5. chapeau   6. manteau   7. tee-shirt
8. short   9. jean

Mot mystère: salopette (*overalls*)

7·4

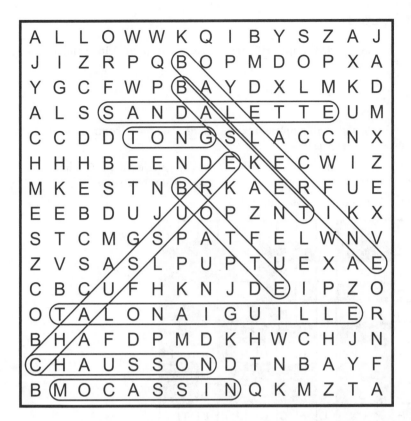

basket, botte, chausson, chaussure, mocassin, tong, ballerine, talon aiguille, sandalette

7·5 1. d 2. a 3. d 4. b 5. d 6. c

7·6 rayon, parfum, toilette, soirée, cabines d'essayage, grande, petite, caisse, carte de crédit, solde

7·7 1. d 2. h 3. f 4. a 5. g 6. c 7. b 8. e

7·8 1. e-mail address   2. delivery schedule   3. free shipping   4. account   5. yearly subscription
6. basket   7. password   8. confirm the order   9. reimbursement   10. by price   11. special offer
12. return fees   13. user name   14. reference number   15. secure payment

7·9

Horizontalement (*Across*)

1. banque   4. espèces   8. payer   9. vendre   10. reçu   15. échantillon   16. valider
17. envoyer   18. acheter   19. garantie

Verticalement (*Down*)

2. annuler   3. essayer   5. chèque   6. supplémentaire   7. marque   11. commande
12. expéditeur   13. détaxe   14. article

7·10   1. librairie   2. parfumerie   3. boutique   4. maroquinerie   5. galerie d'art   6. bijouterie
7. papeterie   8. marché aux puces   9. bouquiniste   10. magasin de chaussures

7·11   1. d   2. e   3. a   4. f   5. b   6. c   7. h   8. g

7·12

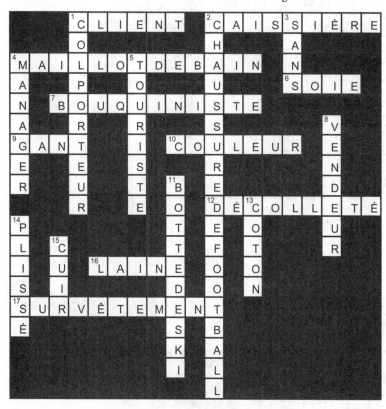

Horizontalement (*Across*)

1. client   2. caissière   4. maillot de bain   6. soie   7. bouquiniste   9. gant   10. couleur
12. décolleté   16. laine   17. survêtement

Verticalement (*Down*)

1. colporteur   2. chaussure de football   3. sans   4. manager   5. touriste   8. vendeur
11. botte de ski   13. coton   14. plissé   15. cuir

8 Loisirs et tourisme · *Leisure and tourism*

8·1

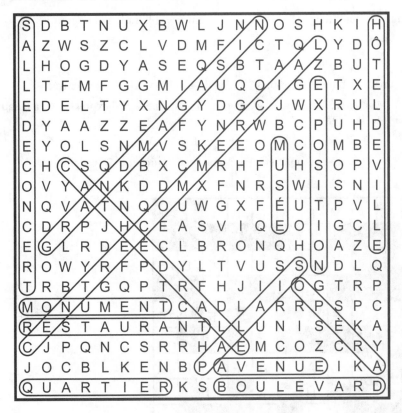

exposition, cathédrale, musée, centre commercial, restaurant, grand magasin, hôtel de ville, palais, quartier, boulevard, avenue, monument, opéra, salle de concert

8·2   découvrir, champs, terrain, ballade, bois, rivière, forteresse, rempart, animaux, village, chemin, sommet, vue, pente, vignes, forêt

8·3   1. c   2. i   3. a   4. j   5. b   6. d   7. h   8. e   9. f   10. g

8·4   1. b   2. b   3. c   4. b   5. b   6. a

8·5

Horizontalement (*Across*)

3. catalogue 6. interdit 7. sculpteur 8. tableau 11. guide 13. salle 14. gratuit

Verticalement (*Down*)

1. collection 2. ouverture 4. billet 5. musée 9. artiste 10. vitrine 12. entrée

8·6 1. le chef d'orchestre 2. le galet 3. appeler le «garçon» 4. la vigne 5. l'express 6. à la sauce tomate 7. la chanteuse 8. la visite

8·7 1. V 2. F 3. V 4. F 5. F 6. V 7. V 8. F 9. F 10. V

8·8 1. billet 2. comédie 3. entracte 4. policier 5. séance 6. guichet 7. vedette

Mot mystère: Binoche

8·9

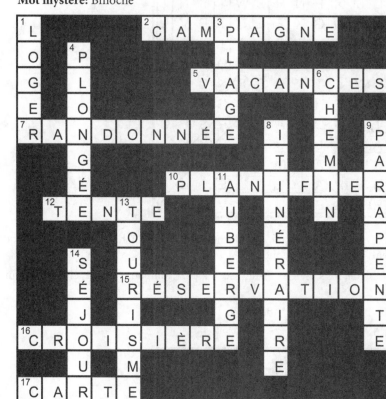

Horizontalement (*Across*)

2. campagne   5. vacances   7. randonnée   10. planifier   12. tente   15. réservation
16. croisière   17. carte

Verticalement (*Down*)

1. loger   3. plage   4. plongée   6. chemin   8. itinéraire   9. parapente   11. auberge
13. tourisme   14. séjour

8·10

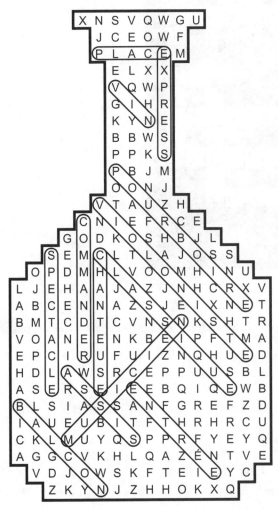

assis, commander, entrée, vin, express, pourboire, spectacle, balcon, place, musicien, chanteuse, violoniste, classique

9 Les voyages et les transports · *Trips and transportation*

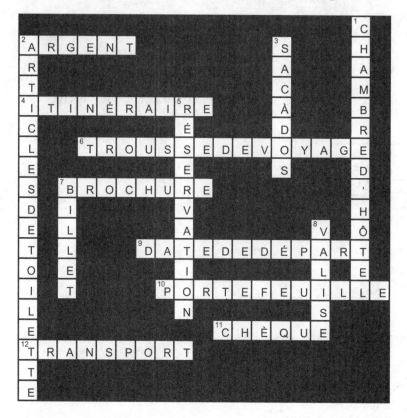

Horizontalement (*Across*)

2. argent   4. itinéraire   6. trousse de voyage   7. brochure   9. date de départ   10. portefeuille
11. chèque   12. transport

Verticalement (*Down*)

1. chambre d'hôtel   2. articles de toilette   3. sac à dos   5. réservation   7. billet   8. valise

9·2   où, au coin, à l'intersection, devant, traverser, pont, entre, côté

9·3   1. d   2. a   3. d   4. a 5. b   6. c

9·4   1. c   2. i   3. j   4. h   5. a   6. b   7. d   8. e   9. f   10. g

9·5   1. le taxi   2. le train   3. le bus   4. la voiture   5. l'avion   6. le scooter   7. le bateau   8. le vélo
9. la moto   10. le métro

9·6

W	F	I	R	D	Y	W	C	D	P	I	S	Q	X	F	B	Q
G	G	A	G	Y	C	I	L	G	J	R	D	N	N	G	Y	K
M	F	E	R	Y	C	O	M	P	A	R	T	I	M	E	N	T
F	A	I	I	U	C	O	M	P	O	S	T	E	R	T	J	Q
N	R	W	Z	D	B	L	O	H	I	F	G	D	Z	I	Y	K
B	R	T	W	G	C	I	O	U	G	R	W	V	K	G	R	M
G	I	D	R	C	A	H	V	Q	U	A	F	Y	H	E	D	P
F	V	N	E	H	H	E	V	E	Y	P	M	H	I	A	C	T
P	É	B	I	C	I	A	T	Y	W	G	N	O	J	C	E	A
B	E	P	R	T	N	C	U	D	O	Y	V	X	C	R	H	J
Y	M	G	R	U	U	V	P	F	H	M	Q	U	A	I	O	Q
Z	I	O	O	D	B	G	F	B	F	Z	T	G	R	O	R	F
J	S	N	N	K	M	Z	G	T	X	E	B	G	N	Z	A	X
I	C	O	K	W	G	V	Ê	H	B	K	U	D	E	L	I	U
P	C	A	E	K	Z	R	M	Z	N	A	Z	R	T	F	R	T
H	A	R	V	H	R	F	Q	G	P	M	S	C	F	G	E	J
K	D	K	E	A	W	R	D	U	O	U	O	D	S	P	V	F

compartiment, conducteur, chauffeur, carnet, composter, horaire, sortie, quai, voie, arrêt, gare, arrivée

9·7   1. quai   2. pilote   3. passant   4. métro   5. station-essence   6. hôtesse de l'air   7. siège   8. pont

9·8   1. acompte   2. étage   3. grand lit   4. climatisation   5. étoile   6. auberge   7. tarif
       8. rez-de-chaussée   9. chambre   10. piscine   11. salle de sport   12. accès

9·9   1. e   2. g   3. h   4. b   5. c   6. d   7. a   8. f

9·10

Horizontalement (*Across*)

1. pickpocket   3. hôpital   7. urgences   9. dévalisée   10. pompier   12. médecin   13. cabinet

Verticalement (*Down*)

1. perdue   2. secours   4. pharmacie   5. gendarme   6. infirmière   8. blessé   11. malade

10 La nature et l'environnement · *Nature and environment*

10·1

Horizontalement (*Across*)

3. oxygène   5. vol   6. atmosphère   8. fusée   9. orbite   10. galaxie   12. apesanteur
13. météore   14. astre   15. ciel

Verticalement (*Down*)

1. solaire   2. satellite   4. comète   5. vaisseau spatial   7. lunaire   11. attirer

10·2   1. a   2. d   3. c   4. c   5. d   6. c   7. a   8. c

10·3   1. le bras de mer   2. le canal   3. les chutes   4. la mer   5. le lac   6. le fleuve   7. le golfe
8. l'archipel   9. la falaise   10. les montagnes   11. l'oasis   12. le fleuve   13. l'étang
14. le ruisseau   15. la source

10·4   1. i   2. e   3. a   4. h   5. b   6. j   7. f   8. c   9. d   10. g

10·5   1. pluie   2. geler   3. lourd   4. couvert   5. brise   6. neiger   7. mauvais   8. orageux
Mot mystère: pluvieux (*rainy*)

10·6   1. d   2. g   3. f   4. i   5. h   6. j   7. b   8. e   9. a   10. c

10·7   1. sécheresse   2. tremblement   3. avalanche   4. raz de marée   5. glissement   6. cyclone
7. ouragan   8. inondation

10·8

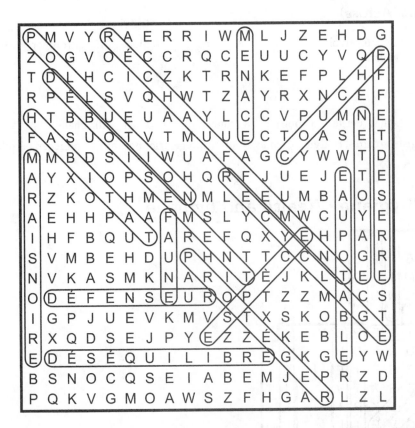

défenseur, déséquilibre, recyclage, nettoyage, marais noire, pollution, réchauffement, espèce, couche, déboisement, habitat, menace, faune, protéger, eau potable, effet de serre

10·9   1. le cochon   2. le coq   3. le cheval   4. la vache   5. le canard   6. la poule   7. le lapin
8. la dinde   9. le serpent   10. la grenouille

10·10   1. la panthère   2. le porc-épic   3. le singe   4. le loup   5. le cygne   6. le cobaye   7. le papillon
8. le phoque

10·11

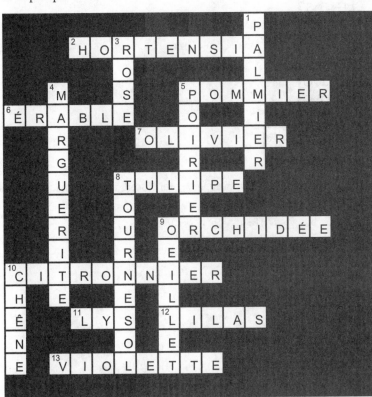

Horizontalement (*Across*)

2. hortensia   5. pommier   6. érable   7. olivier   8. tulipe   9. orchidée   10. citronnier
11. lys   12. lilas   13. violette

Verticalement (*Down*)

1. palmier   3. rose   4. marguerite   5. poirier   8. tournesol   9. œillet   10. chêne

10·12   environnement, écologiste, solaires, énergie, baleines, solutions, végétarienne, animal, protéger, pétrole

C'est Daryl Hannah.

11   La santé et l'hygiène · *Health and hygiene*

11·1

poignet, pied, cheville, main, cuisse, cou, tête, jambe, poing, nez, oreille, œil, menton, mâchoire, dos, genou, épaule, poitrine, joue

11·2   1. c   2. d   3. a   4. b   5. a   6. b   7. a   8. d   9. b   10. d

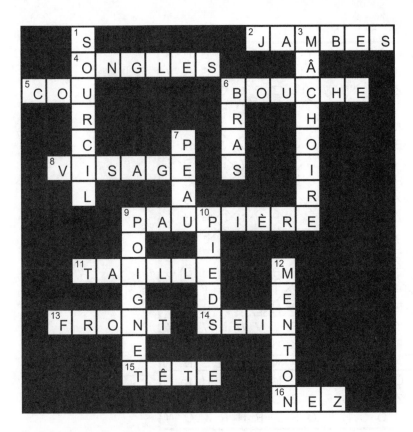

Horizontalement (*Across*)

2. jambes   4. ongles   5. cou   6. bouche   8. visage/figure   9. paupière   11. taille
13. front   14. sein   15. tête   16. nez

Verticalement (*Down*)

1. sourcil   3. mâchoire   6. bras   7. peau   9. poignet   10. pieds   12. menton

11·4   1. le parfum/l'eau de toilette   2. l'eau de cologne   3. le déodorant   4. le fond de teint
5. le rasoir/la cire   6. le shampooing   7. le vernis à ongles   8. le dentifrice   9. le cure-dent
10. le savon   11. la brosse à cheveux/le peigne   12. les sels de bain   13. le rouge à lèvres
14. le fard   15. la crème hydratante

11·5   1. f   2. d   3. a   4. j   5. h   6. i   7. b   8. c   9. e   10. g

11·6   1. V   2. F   3. V   4. V   5. F   6. V   7. V   8. F   9. V   10. F

11·7

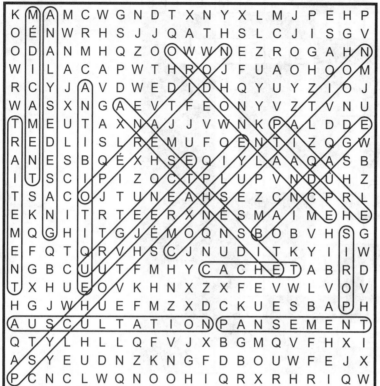

analyse de sang, anesthésie, ordonnance, auscultation, cachet, piqûre, consultation, médicament, antibiotique, pansement, bandage, opération, traitement, urgence, sirop, psychothérapie

11·8   1. l'oncologue   2. l'opticien(ne)/l'ophtalmologiste   3. le/la psychiatre   4. le/la cardiologue
5. le/la neurologue   6. le/la dermatologue   7. le/la psychologue   8. le/la chiropracticien(ne)
9. le/la gynécologue   10. le/la dentiste

11·9   1. soin   2. salle   3. médecin   4. opération   5. urgence   6. infirmier   7. infirmière
8. secours   9. trousse   10. analyse

Mot mystère: secouriste (*first-aid worker*)

11·10   1. cancer   2. diabète   3. hypertension   4. épilepsie   5. dépression   6. autisme   7. arthrose
8. hépatite

12·1

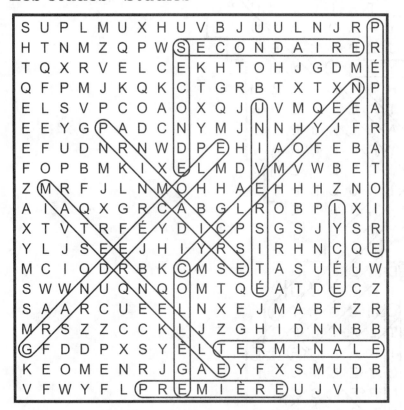

S U P L M U X H U V B J U U L N J R P
H T N M Z Q P W S E C O N D A I R E R
T Q X R V E L C E K H T O H J G D M É
Q F P M J K Q K C T G R B T X T N P
E L S V P C O A O X Q J U V M O E E A
E E Y G P A D C N Y M J N N H Y J F R
E F U D N R N W D P E H I A O F E B A
F O P B M K I X E L M D V M V W B E T
Z M R F J L N M O H H A E H H H Z N O
A I A Q X G R C A B G L R O B P L X I
X T V T R F É Y D I C P S G S J Y S R
Y L J S E E J H I Y R S I R H N C Q E
M C I O D R B K C M S E T A S U É U W
S W W N U Q N Q O M T Q É A T D E C Z
S A A R C U E E L N X E J M A B F Z R
M R S Z Z C C K L J Z G H I D N N B B
G F D D P X S Y È L T E R M I N A L E
K E O M E N R J G A E Y F X S M U D B
V F W Y F L P R E M I È R E U J V I I

maternelle, primaire, seconde, lycée, université, grande école, préparatoire, secondaire, terminale, première, cycle moyen, collège

12·2 1. e 2. e 3. d 4. a 5. c 6. b 7. e 8. d

12·3 1. informatique 2. chimie 3. écriture 4. orthographe 5. trigonométrie 6. grammaire 7. lecture 8. vocabulaire 9. rédaction 10. histoire

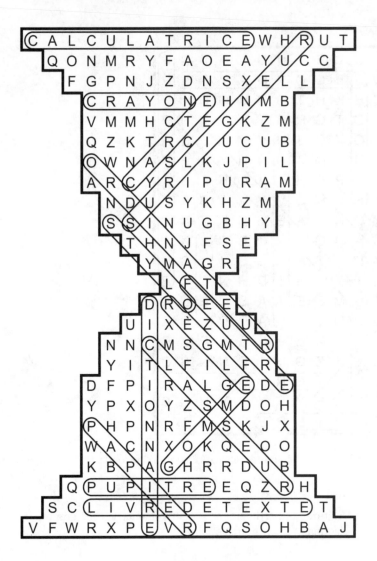

règle, stylo, papier, classeur, calculatrice, feutre, dictionnaire, livre de texte, surligneur, gomme, ordinateur, pupitre, carte, crayon

12·5

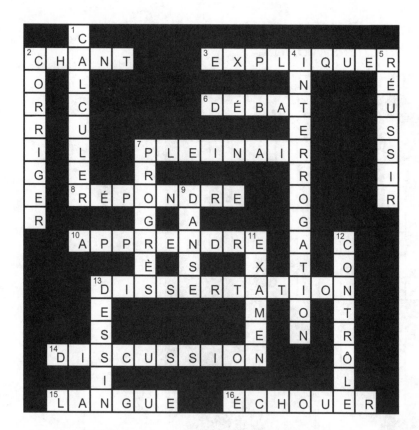

Horizontalement (*Across*)

2. chant   3. expliquer   6. débat   7. plein air   8. répondre   10. apprendre   13. dissertation
14. discussion   15. langue   16. échouer

Verticalement (*Down*)

1. calculer   2. corriger   4. interrogation   5. réussir   7. progrès   9. danse   11. examen
12. contrôle   13. dessin

12·6   1. cosmétologie   2. couture   3. commerce   4. transport   5. terre   6. nature   7. bâtiment
8. informatique   9. hôtellerie   10. agriculture   11. vente   12. aéronautique

Mot mystère: comptabilité (*accounting*)

12·7   1. c   2. d   3. a   4. b   5. a   6. a   7. b   8. b

12·8   écoles, élève, notes, examens, diplôme, secondaires, admis, études, enseigner, professeur

Cette personne célèbre est Albert Einstein.

12·9   1. P   2. P/E   3. E   4. P   5. P   6. P   7. E   8. P   9. E   10. E

12·10   1. la grammaire   2. le dessin   3. la gomme   4. la feuille   5. la lecture   6. la surveillante
7. la règle   8. échouer

12·11   1. f   2. e   3. c   4. g   5. a   6. d   7. b   8. a

12·12   1. d   2. a   3. e   4. f   5. b   6. c

13 Le monde du travail et des affaires · *The work and business world*

13·1

Horizontalement (*Across*)

5. menuisier   8. peintre   9. couvreur   10. commerçante   11. pâtissier   12. plombier

Verticalement (*Down*)

1. joaillère   2. carreleur   3. coiffeuse   4. maçon   6. électricien   7. mécanicienne

13·2 1. F 2. F 3. V 4. V 5. F 6. F 7. V 8. V 9. F 10. F 11. F 12. F

13·3

A	O	R	T	H	O	D	O	N	T	I	S	T	E	O	Q	D	X	Q	F	V
P	S	Y	X	K	L	P	L	P	L	Q	K	E	V	B	T	H	J	G	K	S
D	P	S	J	P	H	P	G	K	N	L	P	C	J	K	R	C	M	R	E	V
Y	E	O	I	O	S	R	R	J	L	E	A	H	A	U	X	D	J	C	R	S
I	O	N	I	S	H	C	W	K	H	Y	D	N	Q	K	P	P	O	B	X	H
K	P	I	R	T	T	J	Z	P	Q	P	R	I	T	D	O	Q	V	P	L	E
K	P	X	R	I	Q	A	A	T	Z	X	I	C	N	R	R	B	D	O	O	S
D	I	N	M	O	N	R	N	T	E	R	U	I	M	N	K	G	L	U	N	B
B	Z	M	Z	K	G	F	E	T	S	C	I	E	N	T	I	F	I	Q	U	E
E	A	V	B	O	O	A	O	C	D	Q	C	N	S	W	L	E	M	E	S	S
I	I	R	I	G	I	C	Q	R	E	E	B	X	R	Z	R	C	T	F	X	E
S	Q	D	N	V	T	V	B	N	M	W	N	R	Y	E	M	U	D	I	Z	D
B	A	Q	C	T	Q	Y	H	C	E	A	E	T	O	G	A	W	Q	N	Z	H
R	P	D	S	S	K	X	I	H	F	R	T	R	A	N	P	V	E	G	B	C
P	R	O	G	R	A	M	M	E	U	S	E	I	O	I	G	R	I	É	S	S
X	A	D	J	I	N	F	I	R	M	I	E	R	C	R	R	K	C	N	F	C
L	O	I	V	V	V	T	P	C	U	A	T	P	B	I	O	E	E	I	S	E
V	V	Q	S	L	M	D	W	H	E	S	V	S	C	N	E	I	E	E	X	N
G	M	O	L	V	E	T	L	E	A	F	W	S	Q	J	D	N	T	U	V	Z
R	G	T	O	U	S	V	K	U	V	Q	E	U	K	I	G	O	N	R	Z	P
O	P	W	E	C	O	N	T	R	Ô	L	E	U	R	A	É	R	I	E	N	S

ingénieur, infirmier, programmeuse, radiographe, assistant dentaire, astronaute, scientifique, contrôleur aérien, chercheur, informaticienne, technicien, orthodontiste

13·4 1. h 2. d 3. i 4. a 5. b 6. j 7. c 8. e 9. g 10. f

13·5 1. b/c/f 2. g 3. d 4. a/f 5. b/f 6. a/b/f 7. e 8. h

13·6

P	X	Z	R	Y	B	E	O	K	B	Y	A	B	É	C	L	X	I	L
F	M	K	T	Z	Z	V	N	Q	I	B	P	T	V	Z	S	E	W	T
C	S	F	I	H	B	Z	Q	G	E	A	N	Q	G	T	S	C	A	F
I	M	F	B	T	Z	X	X	M	J	A	T	M	M	I	E	K	B	A
W	K	B	R	S	V	U	E	E	S	Y	K	V	R	E	G	K	F	X
J	W	Y	S	X	Y	Z	C	E	X	Q	I	P	T	E	J	S	D	D
G	Q	G	X	Q	C	N	D	E	P	C	E	I	Q	L	K	R	F	I
N	F	S	C	K	A	E	I	G	É	R	C	Z	B	A	W	O	Z	E
S	Y	T	K	R	R	R	T	K	T	I	W	M	U	B	A	U	I	A
Q	M	M	U	T	T	Y	F	N	R	F	E	W	Q	O	J	N	T	T
N	J	S	N	S	F	J	E	T	O	V	Z	D	R	R	G	B	E	E
C	S	E	U	J	A	K	C	D	L	P	T	V	D	A	Z	S	R	C
A	C	D	E	U	S	E	F	T	I	O	N	Q	P	T	W	X	J	Y
B	N	T	U	G	L	H	S	B	È	A	D	M	R	O	U	G	J	K
I	F	A	X	É	X	H	R	Z	R	K	O	R	Q	I	S	W	G	O
N	C	J	J	X	I	U	N	D	E	C	V	L	W	R	I	R	U	I
E	S	P	R	L	H	T	C	J	Q	I	G	S	E	E	N	H	E	Z
T	Q	R	A	I	D	E	H	B	O	T	E	Z	Y	G	E	K	K	D
A	G	E	N	C	E	I	M	M	O	B	I	L	I	È	R	E	E	E

compagnie, entreprise, cabinet, pétrolière, usine, assurance, agence immobilière, laboratoire, centre de santé, électricité, industrie

13·7 1. chantier 2. commerce 3. atelier 4. lucratif 5. agréable 6. stable 7. passionnant
8. stressant 9. fatigant 10. stimulant 11. répétitif 12. motivant 13. temporaire

Mot mystère: collaborative (*collaborative*)

13·8 1. l'agence immobilière 2. l'assistante juridique 3. le technicien de laboratoire 4. la puéricultrice
5. l'ambulancier 6. le steward 7. le contrôleur de l'air 8. l'infirmier

13·9 1. a 2. a 3. c 4. c 5. a 6. b

13·10 1. astucieux 2. mal formée 3. communicatrice 4. performant 5. coopérative 6. créatif
7. inexpérimentée 8. respectueux

13·11 1. salaire 2. licenciement 3. chômeuse 4. compromis 5. médiatrice 6. démission
7. augmentation 8. revendication 9. manifestation 10. indemnité

13·12 collectifs, syndicat, revendications, salariés, négociations, compromis, droit, manifestations, augmentations, congés payés

14 Le temps, les mesures et les quantités · *Time, measurements, and quantities*

14·1

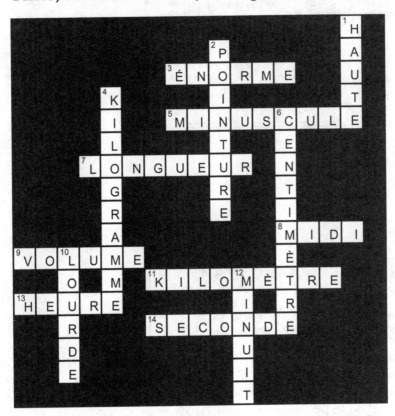

Horizontalement (*Across*)

3. énorme 5. minuscule 7. longueur 8. midi 9. volume 11. kilomètre 13. heure
14. seconde

Verticalement (*Down*)

1. haute 2. pointure 4. kilogramme 6. centimètre 10. lourde 12. minuit

14·2 haute, mètres, septième, second, millions, hauteur, trois cent vingt-sept, longueur

14·3 1. d 2. a 3. a 4. d 5. b 6. b 7. b 8. a 9. c 10. a

14·4

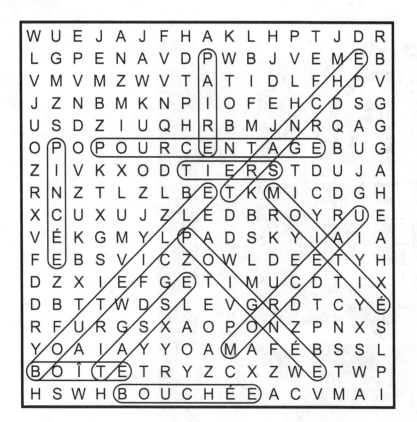

```
W U E J A J F H A K L H P T J D R
L G P E N A V D P W B J V E M E B
V M V M Z W V T A T I D L F H D V
J Z N B M K N P I O F E H C D S G
U S D Z I U Q H R B M J N R Q A G
O P O P O U R C E N T A G E B U G
Z I V K X O D T I E R S T D U J A
R N Z T L Z L B E T K M I C D G H
X C U X U J Z L É D B R O Y R U E
V É K G M Y L P A D S K Y I A I A
F E B S V I C Z O W L D E E T Y H
D Z X I E F G E T I M U C D T I X
D B T T W D S L E V G R D T C Y É
R F U R G S X A O P O N Z P N X S
Y O A I A Y Y O A M A F É B S S L
B O Î T E T R Y Z C X Z W E T W P
H S W H B O U C H É E A C V M A I
```

morceau, pincée, poignée, pourcentage, bouchée, moitié, paire, boîte, bouteille, tiers, tranche, tasse

14·5   1. f   2. g   3. a   4. e   5. h   6. b   7. c   8. d

14·6   1. plusieurs   2. quelques   3. aucun   4. trop   5. tant   6. précisément   7. autant

Mot mystère: plupart (*most*)

14·7   1. le cercle   2. la fourchette   3. le bout de temps   4. le grain   5. une dizaine   6. la pincée   7. la bouchée   8. la tonne   9. le double   10. le compas

14·8   1. b   2. c   3. b   4. a   5. c   6. b   7. d   8. a

14·9   1. F   2. F   3. V   4. V   5. F   6. F   7. V   8. V   9. F   10. V   11. V   12. F

14·10   mesure, temps, quantités, grammes, cuillerées, centilitres, onces, morceau, carré, dizaine

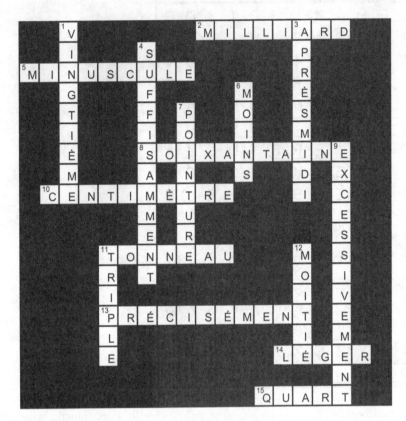

Horizontalement (*Across*)

2. milliard   5. minuscule   8. soixantaine   10. centimètre   11. tonneau   13. précisément
14. léger   15. quart

Verticalement (*Down*)

1. vingtième   3. après-midi   4. suffisamment   6. moins   7. pointure   9. excessivement
11. triple   12. moitié

15   Les expressions idiomatiques · *Idiomatic expressions*

15·1   1. courage   2. sommeil   3. mine   4. raison   5. parole   6. intention   7. allure   8. froid
9. temps   10. peur   11. faim   12. esprit   13. chance   14. soif

15·2   1. faire   2. avoir   3. avoir   4. avoir   5. avoir   6. avoir   7. faire   8. avoir   9. faire   10. faire
11. avoir   12. faire   13. avoir   14. faire   15. faire

15·3   1. h   2. i   3. a   4. j   5. b   6. c   7. d   8. e   9. f   10. g

15·4   1. dire   2. le vif   3. le temps   4. l'histoire   5. d'état   6. du monde

1. c 2. c 3. c 4. b 5. d 6. a 7. d 8. b 9. c 10. b 11. b 12. a

15·6

bout de chou, coup de poing, minou, patate frite, tenir bon, entrer en contact, faire jour, avoir lieu, faire attention, avoir du courage

15·7 fait des bêtises, prend la décision, tient, ans, prendre leur temps, donne le jour, coup de maître, entre dans l'histoire

Grand inventeur: C'est Thomas Edison.

15·8 1. déjeuner 2. courriel 3. magasiner 4. dépanneur 5. checker 6. dîner 7. blonde 8. frigidaire 9. tannée 10. chum 11. souper 12. bec

Mot mystère: dispendieuse (*expensive*)